Marie-Marthe Chambon

ANNE SIGIER

Décret de la Congrégation pour la Doctrine de la foi, Rome, le 23 mars 1999 :

Il est concédé aux religieuses des monastères de la Visitation, ainsi qu'aux personnes qui désirent prier en union avec elles, la faculté de vénérer la Passion du Christ avec les prières suivantes, qui correspondent aux invocations suggérées par la Servante de Dieu sœur Marie-Marthe Chambon.

Chapelet des Saintes Plaies
de notre Seigneur Jésus-Christ

On commence avec les prières suivantes :

I.   I/. Ô Jésus, divin Rédempteur, sois miséricordieux pour nous et pour le monde entier.

R/. Amen.

II. I/. Dieu saint, Dieu fort, Dieu immortel, aie pitié de nous et du monde entier.

R/. Amen.

III. I/. Ô Père éternel, traite-nous avec miséricorde par le sang de Jésus-Christ, ton Fils unique ; traite-nous avec miséricorde, nous t'en conjurons.

R/. Amen.

Cette introduction étant faite, on récite, en se servant de la couronne du chapelet, les invocations suivantes :

Sur les petits grains :

I/. Mon Jésus, pardon et miséricorde.

R/. Par les mérites de tes Saintes Plaies.

Sur les gros grains :

I/. Père éternel, je t'offre les Plaies de notre Seigneur Jésus-Christ.

R/. Pour guérir celles de nos âmes.

En terminant la couronne, on répète trois fois :

I/. Père éternel, je t'offre les Plaies...

ÉDITION

Éditions Anne Sigier
2299, boul. du Versant-Nord
Sainte-Foy (Québec)
G1N 4G2
tél.: (418) 687-6086
téléc.: (418) 687-3565

Éditions Anne Sigier – France
28, rue de la Malterie
B.P. 3007
59703 Marcq-en-Barœul
tél.: 20.74.00.05
fax: 20.51.86.88

ISBN

2-89129-254-5

DÉPÔT LÉGAL

Bibliothèque nationale du Québec
Bibliothèque nationale du Canada
3e trimestre 1995

Tous droits réservés
Imprimé au Canada

Introduction

Pourquoi rééditer la biographie d'une femme toute simple ayant vécu à la fin du siècle dernier dans un couvent de France ?

Marie-Marthe Chambon, de l'ordre des Visitandines de Chambéry, aurait-elle un message à livrer à l'aube du troisième millénaire ?

La vie de cette religieuse étonnera et touchera le lecteur. Marie-Marthe est analphabète, elle vit dans l'obéissance et l'effacement, elle travaille de toutes ses forces et de tout son cœur aussi bien au réfectoire qu'à la cueillette des fruits et des légumes pour la communauté. Mais en même temps, toute sa vie n'est que prière et souffrance : Dieu l'a choisie tout particulièrement pour qu'elle puisse faire connaître au monde la dévotion aux saintes Plaies de Notre-Seigneur Jésus-Christ. « Voilà la source où vous devez tout puiser », lui dit Jésus en lui montrant ses Plaies.

Et l'invocation, qui fut sa respiration tout au long de sa vie, est pour chacun de nous une invitation à entrer dans ce mystère de la croix : « Mon Jésus, pardon et miséricorde par les mérites de vos saintes Plaies. »

Marie-Marthe Chambon connaît des moments d'intimité avec le Seigneur, moments privilégiés pendant lesquels il l'instruit, la guide, la console. Il lui fait expérimenter les souffrances de la Passion, le dépouillement, la solitude, mais il lui donne aussi la force et la joie de contribuer à la rédemption du monde.

Il est réconfortant de découvrir dans ces pages combien Jésus se fait petit avec les petits, combien il met en valeur les gestes quotidiens les plus humbles, combien aussi il éduque et fait grandir dans son amour.

La vie de Marie-Marthe appelle à la confiance, à l'intériorité avec le Seigneur, à l'émerveillement devant tout ce que Jésus réalise pour nous et avec nous.

Le message de Marie-Marthe ne serait-il pas pour chacun de nous l'invitation à retourner vers « la Source où nous devons tout puiser », par les mérites des saintes Plaies du Christ ?

Aujourd'hui, comme hier, comme toujours, Notre-Seigneur accueille tous ceux qui se tournent vers lui.

La préparation

Enfance et jeunesse

Sœur Marie-Marthe Chambon naquit en France, à la Croix-Rouge, petit village situé à quelques kilomètres de Chambéry, au milieu d'un magnifique paysage que domine le mont Nivolet avec sa grande croix érigée en 1862.

Le hameau de la Croix-Rouge appartenait à la paroisse de Saint-Pierre de Lémenc. C'est dans l'église attenante au monastère de la Visitation Sainte-Marie que l'enfant fut baptisée du nom de Françoise, le jour même de sa naissance, le 6 mars 1841.

Le jeune ménage Chambon habitait une misérable cahute au toit de chaume, au sol de terre battue, une grande pièce unique, froide et humide. Quand la famille augmenta – Françoise était l'aînée d'une sœur et de six frères – quelques planches servirent de couchette aux fils à mesure qu'ils grandissaient.

Dans un réduit, pompeusement nommé l'«écurie», il y avait une chèvre – une seule – que Françoise, dès que son âge le lui permit, menait paître le long des chemins. À ce souvenir se rattache celui d'un grand chagrin de la petite fille. Un jour, tandis qu'elle était inattentive, l'animal quitta la haie épineuse pour se diriger vers le pré voisin, plus attrayant. Le garde champêtre passait à ce moment, et, sans autre formalité et sans pitié, il dressa un procès-verbal. La désolation envahit le cœur de la fillette puisqu'elle voyait grevé ainsi, par sa faute, le budget déjà si maigre de ses parents.

Le père de Françoise, homme simple et droit, avait une foi vive et une certaine piété. Il avait été guéri par sainte Philomène et lui conservait une grande dévotion.

C'était un ouvrier courageux, toujours occupé dans les champs ou bien aux carrières du voisinage. À mesure qu'ils arrivaient en âge, ses enfants le suivaient au travail. Avec le père, ils se louaient pour la journée, et, entre temps, ils cultivaient un petit jardin près de la maison.

La réputation de la famille Chambon était irréprochable. Lorsque le fils aîné songea à se marier, des amis de son futur beau-père, qui avait quelque bien, s'étonnèrent de lui voir accepter pour gendre un jeune homme ne possédant absolument rien : « C'est vrai qu'ils sont pauvres, répondit l'homme, mais ils sont si bons ! La mère, surtout, est une si brave femme, si bonne chrétienne, que je suis content de lui donner ma fille. »

À force d'honnêteté et de travail, la famille sortit de la misère et parvint même à se créer une modeste aisance. On abandonna la chambre en sous-sol, qui devint une cave. On éleva à côté un charmant logis égayé d'un balcon de bois, et des chambres furent aménagées par les enfants eux-mêmes.

Maison natale de sœur Marie-Marthe.
La † indique la chambre où elle vit le jour.

La mère de Françoise, issue d'une branche appauvrie de la noble famille des Barandier, aimait conduire son aînée aux cérémonies religieuses. Elle aimait en particulier gravir la Voie, petite route établie sur la colline surplombant à la fois le monastère et la ville et qui, à cause de sa ressemblance topographique avec le Golgotha, porte le nom de «Calvaire».

Madame Chambon était une sainte, au dire de toutes les personnes qui l'ont connue. Sous une telle influence, la jeune Françoise ne pouvait qu'être portée vers Dieu : «Ma mère mettait le service de Dieu avant tout. Elle était ferme avec mes frères ; elle ne leur donnait jamais à déjeuner s'ils n'avaient d'abord fait la prière. Quelquefois ils pleuraient parce qu'ils avaient faim ; mais elle ne cédait pas. Mon père travaillait aux champs. Il travaillait bien, il était bon. J'avais aussi une tante, ma marraine. C'était une brave femme.»

«Un vendredi saint – j'avais huit ou neuf ans –, ma tante me conduisit adorer la croix. Quand je fus à genoux : ‹Françoise, me dit-elle, mets les bras en croix et récite cinq *Pater* et cinq *Ave.*› J'avais de la peine à mettre les bras en croix parce que, peu auparavant, je m'étais fait mal à l'estomac en chargeant une botte de foin. Depuis plusieurs jours, je n'avais pu presque rien manger... j'étais faible... je ne pouvais pas me tenir debout... mais j'ai mis les bras en croix et j'ai dit les cinq *Pater*. À ce moment, j'ai vu Jésus pour la première fois! Il était attaché sur la croix, tout couvert de sang, tout déchiré!... Oh! dans quel état il était! Il ne m'a rien dit. Peu après, ma tante m'a emmenée. Je ne lui ai pas dit que je l'avais vu, ni à elle ni à personne.»

Ce fut là une première révélation de la Passion du Sauveur, qui devait tenir tant de place dans son existence. À la suite de saint Alphonse et de sainte Marie Madeleine de Pazzi, ces grands amants de Jésus-Christ, Françoise aurait une dévotion toute spéciale à la Passion du Seigneur. Aller au ciel en l'ouvrant aux âmes par les saintes Plaies, tel serait son programme.

La pureté et la ferveur de la fillette avaient été remarquées par le curé de la paroisse. Françoise, qui voulait communier pour «recevoir Jésus», lui parla un jour de son grand désir. «Ma petite enfant, lui fut-il répondu, il faut apprendre ton catéchisme.» «Alors, racontait-elle encore d'un air moitié surpris, moitié triomphant, ma mère m'a envoyée à l'école, et j'ai su le catéchisme tout de suite.»

On est porté à croire ici qu'une grâce particulière l'avait aidée, d'autant plus que toute son instruction se borna à cette connaissance orale du catéchisme. En effet, sœur Marie-Marthe Chambon ne savait ni lire ni écrire. Lors de son entrée au couvent, elle était aussi ignorante que l'humble frère Bernard de Corlione. Un jour, les confrères du capucin voulurent lui apprendre au moins à lire. Soucieux de recevoir l'avis de son divin Maître avant d'accepter les leçons proposées, le saint homme entendit très distinctement cette réponse : «Quoi! des livres, de la science! C'est moi qui suis ton livre; tu dois toujours y lire l'amour que j'ai eu pour toi.»

C'est en des termes similaires que Jésus-Christ expliquera plus tard à sœur Marie-Marthe qu'il est lui-même le livre divin où se puise la science qui fait les âmes saintes.

La fillette avait obtenu un tout petit coin dans la maison pour y placer quelques images. C'était son autel. Chaque nuit, lorsqu'elle croyait tout le monde endormi, elle se levait doucement et demeurait longtemps à genoux sur la terre nue, priant de toute la ferveur de son jeune amour – jusqu'au moment où sa mère, s'en apercevant, lui disait de se recoucher.

Parfois, dans la journée, Françoise échappait à la surveillance maternelle et courait à côté de là, chez sa marraine. Cette sœur de son père, célibataire, habitait, on ne sait pourquoi, un ancien ermitage, oratoire ou chapelle surmontée encore d'un clocher en miniature avec sa clochette. Le hameau de la Croix-Rouge, étant fort éloigné de l'église paroissiale, avait assurément besoin de ce lieu de prière. On a supposé qu'après la Révolution le petit édifice abandonné était revenu à cette pieuse femme. Quoi qu'il en soit, elle aimait réunir dans sa paisible demeure parents et voisins, et, le soir, on récitait en commun le chapelet.

Françoise aimait beaucoup «la Chapelle» et la bonne tante qui n'était pas avare d'affection envers sa filleule. Elle s'occupait de l'enfant et remplaçait à l'occasion sa belle-sœur surchargée pour conduire Françoise à l'église. C'est elle également qui l'aida soigneusement à se préparer à la première communion.

Ce grand jour arriva le 8 septembre 1850. Rappelant de longues années après ses souvenirs de jeune communiante, sœur Marie-Marthe disait:

«Alors, j'ai fait ma première communion... C'était là, dans l'église de Lémenc. Et quand j'ai communié, c'est le petit Jésus que j'ai vu et que j'ai reçu... Oh! que j'étais heureuse!... Il m'a dit que chaque fois que je communierais, ce serait *comme cela*...

«Comment était-il, le petit Jésus?, lui demanda son interlocutrice. Avait-il de petites boucles blondes, une robe blanche comme sur les images? – Oh! pauvre sœur, interrompit-elle, c'est pas comme ça! On peut pas dire ces choses-là, ne croyez-vous pas? Et depuis, continua-t-elle, *je l'ai toujours vu*!... Oh! c'est le ciel! On a le paradis dans le cœur. Voyez-vous, le bon Dieu m'a toujours gâtée; mais on m'a dit que c'est parce que je suis pauvre et ignorante.

«Nous étions toujours ensemble. Quand j'allais travailler aux champs ou ramasser de l'herbe pour la chèvre, le petit Jésus était là près de moi. Nous allions par les sentiers, on travaillait, on revenait toujours ensemble. J'étais heureuse! je chantais... – Et que chantiez-vous? – Le *Tantum ergo*... tout ce qu'on chante à l'église.

«Monsieur le curé me permettait souvent de communier. Quelquefois, c'était la Sainte Vierge qui me donnait son petit Jésus. Un jour de la Nativité, le saint sacrement était exposé; après la grand-messe, je suis restée et j'ai vu la Sainte Vierge. Elle avait son petit Jésus et elle me l'a donné. Je ne sais pas combien de temps je suis restée à l'église; mais quand je suis rentrée chez nous, ils avaient tous dîné. Le père s'est fâché, il m'a bien grondée d'être tant restée.

«L'avez-vous revue depuis, la Sainte Vierge? – Oh! oui, bien souvent. Mais cette fois, c'était *notable*.»

Comblée de tant de grâces, la petite Françoise s'orientait d'elle-même vers la vie religieuse contemplative. Cette impulsion personnelle ne pouvait échapper à l'abbé Lacombe, curé de Lémenc depuis septembre 1859. Toute la question était de savoir s'il était prudent de diriger vers le cloître une jeune fille de dix-neuf ans, d'apparence peu robuste. L'admission dans le Tiers-Ordre de saint François d'Assise en 1861 sembla la décision la plus sage et eut pour effet d'apaiser pour un temps l'impatience de la jeune fille d'être consacrée à Dieu.

Mais bientôt le désir se réveilla, plus fort que jamais. Loin de puiser dans son attrait pour Dieu et les choses divines une présomptueuse assurance de son salut éternel, Françoise craignait de se perdre. Elle éprouvait parfois une grande frayeur de l'enfer. Elle devait avouer plus tard que ce fut là un des motifs qui la portèrent vers le cloître.

C'est ainsi que, tout en ramassant de l'herbe ou du bois mort sur les rocs, autour des murs du Carmelet de la Visitation, la jeune fille ne cessait de supplier Notre-Seigneur de la faire entrer enfin « *là-dedans* ».

« Que vouliez-vous faire au couvent, lui demanda un jour une religieuse, puisque vous aviez toujours Jésus avec vous ? – Je voulais n'être occupée que de lui, ne penser qu'à lui, vivre comme les anges... et puis ne plus voir les choses du monde, les hommes, ni personne.

« Mais, répliqua-t-on en souriant, vous n'avez pas beaucoup vu le monde. – Oh ! pas bien : mes compagnes de la Croix-Rouge et un peu Chambéry. »

Au Carmel où elle fut d'abord présentée, on ne jugea pas ses forces suffisantes pour le poids de la règle. L'abbé Lacombe eut alors l'idée de proposer sa paroissienne à sœur Marie-Pauline Deglapigny, qui était alors supérieure de la Visitation. Celle-ci, charmée de la candeur de la jeune fille, l'engagea à attendre qu'une place fût libre parmi les religieuses converses et la renvoya pleine d'espoir, quoique peinée de ce retard.

Françoise confia sa cause aux âmes du purgatoire, commençant pour elles une neuvaine de chemins de croix. Mais la neuvaine n'était pas terminée que sœur Marie-Pauline lui fit savoir qu'elle pouvait entrer, puisqu'une religieuse venait de mourir. C'était en février 1862.

Toute joyeuse, la jeune aspirante avertit sa mère que les portes de la Visitation lui étaient désormais ouvertes. Elle rapporta plus tard cet événement en ces termes:

«Ma mère fut bien contente, et pourtant un peu fâchée aussi, parce que j'étais l'aînée et que je commençais à bien travailler, mais elle était si chrétienne!... ‹Il faut le dire à ton père›, m'a-t-elle répondu.

«Quand mon père arrive le soir, je lui dis: ‹Père, je vais entrer au couvent demain: on me reçoit à la Visitation.› Mon père leva les mains au ciel, puis, les laissant tomber sur ses genoux: ‹Ah! Dieu m'en garde! Dieu m'en garde!›, s'écria-t-il.

«Le lendemain, j'ai mis mes affaires dans un mouchoir et je suis venue.

«Mais votre père? – Oh! bien, mon père, avec son ‹Dieu m'en garde!›, il m'a laissée partir.»

Ce que sœur Marie-Marthe ne dit pas, mais dont
on garda le souvenir dans sa famille, c'est que son
départ fut un grand chagrin pour tous.

Pour ce bon père, les mots couvent, Visitation,
n'éveillaient pas des idées bien précises ; ils signifiaient simplement la séparation pour toujours ! Françoise, pour lui épargner un choc pénible, partit sans
l'embrasser, profitant du moment où il travaillait aux
champs. Entendant passer le train et croyant qu'il emportait son enfant, l'homme se mit à pleurer, disant en
son patois : « Ma pauvre petite, je ne te verrai plus. »

Quant à sa mère, sa peine fut plus profonde encore. Elle chérissait sa fille aînée d'un amour de prédilection. Elle se résigna, mais ne se consola jamais.
Quatre ans plus tard, Mariette, la cadette, vint re-
joindre sa sœur. La généreuse mère ne fit pas ce nouveau sacrifice sans pleurer. « Le bon Dieu les a prises.
Si j'avais eu six filles, je crois qu'elles seraient toutes
allées à la Visitation », laissa-t-elle échapper un jour.

En 1862, le monastère ouvrait ses portes à Françoise. À l'entrée, le Christ miraculeux qui avait jadis
illuminé saint François de Sales de ses rayons lui tendait ses grands bras miséricordieux. À la même date,
de vaillants chrétiens plantaient, dans le roc du
Nivolet, le signe du Rédempteur.

Françoise avait près de vingt et un ans. Future
disciple de Jésus crucifié, elle entrait au couvent sous
les auspices et à l'ombre de la croix, au pied de ce
« Calvaire » dont elle avait si souvent, sur les pas de sa
mère, parcouru les sentiers.

La Visitation de Chambéry

« Notre bienheureux père, écrivait sainte Jeanne de Chantal, m'avait souvent témoigné par lettres et paroles qu'il désirait extrêmement la fondation de ce monastère de Chambéry parce qu'il en prévoyait de grands fruits et utilité pour l'accomplissement de la gloire de Dieu et le salut des âmes. »

C'est pour répondre à ce vœu que, un an après la mort de saint François de Sales, mère de Chantal vint fonder le nouveau monastère, le seizième de l'ordre, le 17 janvier 1624. Après les vingt mois de gouvernement de la sainte, plusieurs des premières mères de l'Institut en prirent successivement la direction.

En 1636, les Visitandines pouvaient s'installer définitivement dans les bâtiments construits suivant le plan du coutumier. Elles devaient y demeurer jusqu'en juin 1793. La Savoie subissant alors à cette époque la Révolution, les quarante religieuses qui habitaient le monastère furent expulsées. Mais une fois l'orage révolutionnaire passé, les asiles pieux s'ouvrirent de nouveau et le monastère fut l'un des premiers à se reconstituer.

En 1806, une ordonnance de Napoléon Ier autorisait le rétablissement des Filles de la Visitation Sainte-Marie, à la condition qu'elles s'adonnent « à l'éducation des jeunes filles ».

C'est ainsi que, le 30 septembre 1806, sous les apparences d'un pensionnat, la Visitation de Chambéry se reforma. Le petit noyau qui devait redonner naissance à la communauté s'établit dans une maison provisoire, rue Saint-Antoine. Puis les religieuses achetèrent en 1808 l'ancien prieuré de Lémenc, qui n'était plus qu'une ruine, et de nouveaux bâtiments s'élevèrent peu à peu.

Trois mères accueillirent successivement sœur Françoise, et leur souvenir se trouve lié intimement à celui de la servante de Dieu.

Il y eut d'abord mère Marie-Pauline Deglapigny. C'était une âme d'élite. On dit qu'elle était dotée d'un rare bon sens, d'un tact exquis, d'une discrétion admirable, d'une humilité vraie et qu'à sa bonté s'alliait une grande fermeté et un zèle ardent pour l'observance. C'est elle qui reçut sœur Marie-Marthe et lui fit prendre l'habit.

Plus tard, sœur Marie-Alexis Blanc succéda à mère Marie-Pauline. Elle était entrée en religion à vingt-huit ans et à peine avait-elle quitté le noviciat que la confiance de sa supérieure l'y faisait revenir comme directrice (ou maîtresse des novices). Elle joignait à cette fonction la charge d'assistante de la communauté lorsque Françoise fut admise au noviciat.

Tenue impeccable, regard de flamme, tout en elle faisait beaucoup penser à sainte Jeanne de Chantal. Femme forte dans tous les sens du mot, elle était ce genre de personne, comme on disait à l'époque, «qui n'a pas mangé son pain dans l'oisiveté»! En effet, Dieu semblait choisir les époques où elle était en charge pour multiplier les travaux de rénovation et les épreuves de tout genre. Par ailleurs, nulle n'était moins inclinée par nature à admettre les voies extraordinaires. À ses yeux comme à ceux de sainte Jeanne de Chantal, «c'était une belle sainteté que l'exacte observance accomplie avec joie dans la vie commune».

Monastère de la Visitation (côté sud).
Façade de l'église et de l'ancien pensionnat. Parloirs.

Enfin, il y eut sœur Thérèse-Eugénie Revel, qui se dévouait dans la charge d'économe lorsqu'elle fut élue supérieure, en 1863.

C'était aussi une religieuse modèle, véritable colonne d'observance. Son âme naturellement timide et d'une grande délicatesse portait néanmoins l'empreinte d'une grande vigueur morale. Sa force, toute pénétrée de douceur et d'humilité, s'alimentait à la continuelle présence de Dieu, d'où une extrême souplesse aux mouvements de la grâce. «Une religieuse doit toujours être surprise dans un acte de vertu», telle était sa devise familière et vécue.

De 1863 à 1887, mère Thérèse-Eugénie et mère Marie-Alexis furent tout à la fois les guides, les témoins et les confidentes de l'humble privilégiée du Sauveur.

C'est ainsi que, pendant le dur temps de la restauration, l'établissement pour jeunes filles devint progressivement un important pensionnat avec ses soixante-dix à quatre-vingts élèves, ce qui occupait à plein temps une partie des religieuses et nécessitait le concours de plusieurs filles de service. C'est parmi ces dernières que, suivant l'usage d'alors, Françoise Chambon prit place au mois de février 1862, pour un premier stage de quelques mois dans la maison. Six mois plus tard, le 2 août 1862, avec une compagne du même rang, elle franchissait en qualité de postulante le seuil du noviciat.

Le noviciat et les premières années de vie religieuse

La nouvelle postulante possédait une piété ardente et profonde, à laquelle s'attachaient déjà une humilité et une soif de sacrifice. Ces vertus furent rapidement remarquées par mère Marie-Alexis. Et lorsque la jeune religieuse lui dévoila les attraits de grâce dont le Seigneur la favorisait, la directrice comprit la valeur de l'âme confiée à ses soins.

Sœur Thérèse-Eugénie, sa supérieure au tout début de la vie religieuse de sœur Françoise, écrit à un moment : « L'obéissance est tout pour elle. La candeur, la droiture, l'esprit de charité qui l'animent, sa mortification et, par-dessus tout, son humilité sincère et profonde nous paraissent les plus sûrs garants de la conduite de Dieu sur cette âme. Plus elle reçoit, plus elle entre dans un vrai mépris d'elle-même, écrasée par la crainte d'être dans l'illusion. Docile aux avis qui lui sont donnés, les paroles du prêtre et de la supérieure ont une grande puissance pour lui rendre la paix. Ce qui nous tranquillise surtout, c'est son amour passionné pour la vie cachée, son besoin impérieux d'échapper à tout regard humain et la peur qu'elle a qu'on aperçoive ce qui se passe en elle. »

Très vite mère Thérèse-Eugénie et mère Marie-Alexis sentirent qu'elles ne pouvaient assumer complètement la responsabilité de conduire cette âme. Elles soumirent donc le cas aux prêtres qui se trouvaient alors les guides officiels de la communauté : le chanoine Bouvier, le vicaire général Mercier ainsi que le père Ambroise, capucin.

Le chanoine Bouvier fut confesseur de la communauté pendant trente-deux ans, soit de 1852 à 1885. À une longue expérience s'ajoutaient chez celui qu'on appelait à Chambéry « l'Ange des Monts » la piété d'un saint prêtre et la science d'un théologien réputé. Le saint curé d'Ars dit plus d'une fois aux personnes de Savoie qui allaient le consulter : « Pourquoi venez-vous ici ? N'avez-vous pas l'aumônier de la Visitation de Chambéry ? »

M. Bouvier reçut la confidence de toutes les grâces accordées à sœur Françoise, car les mères ne firent rien sans son conseil et son approbation. Mais d'une extrême prudence, il garda toujours une grande réserve dans ses jugements et ses appréciations, s'effaçant devant le supérieur, le chanoine Mercier, pour tout discernement au sujet des consciences.

Sa conviction personnelle, toutefois, était faite. Il croyait à la voie surnaturelle de la jeune novice dont il taisait le nom en la désignant ordinairement par ces expressions : « notre sainte âme », « notre petite sainte ». Dans une correspondance très suivie pendant seize ans, de 1867 à 1883, et qui fut remise aux religieuses de la communauté après la mort de son destinataire, le chanoine révèle sa pensée : « Je connais une âme, écrit-il, à qui Jésus se communique. Dans le courant de la semaine, je lui recommanderai votre affaire. N'en dites rien, c'est le secret absolu ; mais la chose est très certaine. »

« La personne est une personne de grande simplicité, consacrée à Dieu par les vœux de la religion. Son genre de vie est presque un miracle continuel. Mais impossible de vous donner de plus amples détails : il est entendu que si elle vient à être connue, le divin Sauveur la retire de ce monde. Elle est dans la voie ordinaire des saints. »

Le chanoine Mercier était curé de Notre-Dame de Chambéry lorsque commencèrent ses relations avec la

Visitation. C'est à lui que l'on doit le retour au monastère du Christ miraculeux qui avait été déposé dans son église depuis la Révolution. Il devint plus tard vicaire général, et, en mai 1867, il fut nommé supérieur de la communauté en remplacement de monseigneur Gros devenu évêque de Tarentaise.

Quant au père Ambroise, qui fut longtemps provincial et tout dévoué au ministère apostolique pendant près de soixante ans, sa mémoire est demeurée longtemps vivante dans toute la Savoie. C'est lui qui fit imprimer à Grenoble, dès avant 1880, les *Invocations aux saintes Plaies*. Cela suffit à montrer tout l'intérêt qu'il portait alors à sœur Françoise et l'importance qu'il accordait à ses communications.

C'est à ces trois prêtres que recoururent les supérieures au sujet de la privilégiée de Notre-Seigneur. Ils examinèrent les cahiers contenant les récits notés au jour le jour. Ils en firent un examen long, sérieux, complet. On trouva chez la novice toutes les garanties qui donnent sécurité en ces matières délicates : esprit d'humilité, obéissance, crainte permanente des illusions, soif de la vie commune et souffrance d'en être exclue. Ils s'accordèrent à affirmer que la voie où marchait sœur Marie-Marthe portait bien le « cachet divin ». Tous trois conseillèrent de continuer à mettre par écrit les communications que la jeune religieuse déclarerait recevoir de Notre-Seigneur. Toutefois, ils jugèrent qu'il fallait garder ces faits secrets jusqu'à ce qu'il « plût à Dieu de les révéler lui-même ».

Tout cela explique les raisons pour lesquelles la communauté demeura dans l'ignorance des grâces dont elle était favorisée en l'une de ses religieuses.

Mère Thérèse-Eugénie n'omit jamais de noter scrupu-
leusement les communications de l'humble converse,
à qui d'ailleurs Notre-Seigneur donnait l'ordre de ne
rien cacher à ses supérieures :

> « *Dis à tes mères de tout inscrire, ce qui vient de moi et
> encore ce qui vient de toi. Ce n'est pas un mal que l'on voie tes
> défauts. Je désire que tu montres tout ce qui se passe en toi
> pour le bien que cela doit faire plus tard lorsque tu seras au
> ciel.*

> *« Il ne faut pas perdre courage.* »

D'ailleurs, si sœur Françoise ne pouvait contrôler
le travail de sa supérieure, le divin Maître, lui, veillait.
Parfois, en effet, par oubli ou par manque de temps,
mère Thérèse-Eugénie omettait certaines paroles. Or,
le lendemain, à sa grande surprise, sa jeune novice
revenait avec ce mot de Jésus : « *Ta mère n'a pas écrit ces
paroles. Je veux qu'elles le soient.* »

Une telle consigne confirmant celle des guides spirituels, on peut concevoir tout le soin religieux que la
supérieure et la directrice apportèrent à ne rien laisser
perdre de ce que leur transmettait leur fille. C'est ainsi
qu'on trouve cette déclaration placée en tête des manuscrits : « Nous déposons ici en la présence de Dieu et
de nos saints fondateurs, par obéissance et le plus
exactement possible, ce que nous croyons nous être
envoyé du ciel par une prédilection tout amoureuse du
divin Cœur de Jésus, pour le bonheur de notre communauté et pour le bien des âmes. »

La grande docilité de sœur Françoise, son orienta-
tion totale vers Dieu, tout cela rendait facile, sans
doute, sa formation morale. Mais l'initiation aux

usages et aux travaux du monastère, auxquels sa vie antérieure l'avait si peu préparée, fut plus laborieuse. Les débuts de sa vie religieuse n'allèrent pas sans difficultés.

Certains jours les erreurs, oublis ou maladresses se multipliaient et étaient autant d'occasions d'humiliations. Mais comme le cœur ne manquait pas de délicatesse et que la sensibilité morale était loin de faire défaut, la jeune religieuse ressentait vivement les corrections.

Le fait d'être privée de sa famille lui fut également très pénible. «Mon esprit s'en allait toujours là-bas, vers mes parents», avouera-t-elle plus tard à l'une de ses compagnes, «mais chaque fois que je m'en apercevais, je le ramenais bien vite et lui mettais la bride...»

Par ailleurs, la crainte d'un renvoi possible venait la tourmenter : «J'avais grand-peur aussi d'être renvoyée. Pensez donc! J'étais si maladroite... je ne savais rien faire, pas même allumer le feu... ça fumait toujours... Alors, je me disais tout le temps : ‹Mon bon Jésus, gardez-moi, ô mon bon Jésus, gardez-moi, s'il vous plaît!›»

Le 29 avril 1863, après neuf mois de postulat, sœur Françoise était admise à la vêture et recevait, avec le voile blanc, le nom de Marie-Marthe. Quinze mois plus tard, en la fête de Notre-Dame des Anges, le 2 août 1864, sœur Marie-Marthe se consacrait à Jésus. Elle avait vingt-trois ans.

La compagne de prise d'habit de sœur Marie-Marthe se nommait sœur Marie-Jacqueline Arbet. Une touchante et inaltérable amitié s'établit entre ces deux femmes de prière et elle dura toute leur vie.

Lorsque, bien des années plus tard, sœur Marie-Jacqueline devint presque incapable de marcher, c'était dans sa cellule d'infirmerie qu'avaient lieu, entre les deux sœurs d'âme, d'intimes et pieuses causeries, dont l'une et l'autre tiraient profit et consolation.

Sœur Marie-Marthe, pour sa part, si discrète vis-à-vis de la communauté, semble bien avoir fait une exception en faveur de sa compagne et lui avoir confié plus d'un secret. Aussi, après sa mort, sœur Marie-Jacqueline, qui devait la suivre de près au ciel, disait-elle souvent, non sans faire sourire les autres religieuses : « Vous verrez, nos sœurs, vous verrez, ce sera ‹ *pire* › que la bienheureuse Marguerite-Marie ! »

Après sa profession religieuse, sœur Marie-Marthe fit encore partie du noviciat durant plusieurs années. Elle resta donc sous la direction de la maîtresse des novices, et bien qu'on l'eût affectée au pensionnat où s'écoulèrent ses journées, un peu en marge de la communauté, elle venait chaque jour, selon la règle, assister aux instructions et recevoir les avis et monitions de la directrice.

La beauté de sœur Marie-Marthe n'était pas extérieure. Dieu ne lui avait pas donné les charmes du visage, du regard, de la voix, pas plus que la grâce et l'élégance de l'allure et du geste.

Elle ne brillait pas non plus par les dons de l'esprit. Quant à ses facultés d'imagination et de mémoire, elles étaient très moyennes.

Il fallait ajouter à cela un tempérament vif et une volonté quelque peu tenace, si l'on en croit le témoignage de ses sœurs, qui disaient volontiers après sa mort : « Oh ! pour une sainte, c'était une vraie sainte ! mais une sainte parfois ‹ exerçante ›... »

Enfin, l'étroitesse de vue de la jeune campagnarde, son absence totale de culture intellectuelle et ses conceptions très villageoises expliquent un ensemble d'imperfections qu'elle n'arriva jamais à déraciner complètement et dont Dieu se servit pour voiler son action.

Elle était consciente de tout cela et s'en plaignit un jour à son divin Maître : « Mon bon Jésus, avec toutes vos grâces, vous me laissez tous mes défauts. – *Tes imperfections*, lui répondit Notre-Seigneur, *sont la plus grande preuve que ce qui se passe en toi vient de Dieu. Je ne te les enlèverai jamais : elles sont la couverture qui cache mes dons.* »

Mais tous ses défauts n'empêchaient pas sœur Marie-Marthe d'aimer tendrement ses compagnes et de se plaire en leur compagnie. Elle savait qu'user de toutes choses est plus parfait que de se priver de beaucoup, et qu'il y a souvent plus de vertu et plus de profit à utiliser et à sanctifier un plaisir qu'à le supprimer.

C'est ainsi que, les jours de récréation, elle se prêtait volontiers à la joie commune. Souvent, d'ailleurs, ses naïves méprises y contribuaient. À l'une de ses compagnes, désireuse d'être renseignée sur une instruction à laquelle elle n'avait pu assister : « Ma sœur, expliquait-elle, le prédicateur a dit : ‹ Si vous n'avez la charité, vous n'êtes qu'une sandale [au lieu de cymbale] retentissante. › » Son vocabulaire ne distinguait pas entre les deux expressions qui, pour son intelligence, signifiaient également : *rien qui vaille!*

Sœur Marie-Marthe était, au demeurant, une touchante personne, débrouillarde et vaillante. Elle était naturellement très active. À tout ce qui concernait le service minutieux et astreignant du réfectoire s'ajoutait l'entretien du chœur et de plusieurs salles du pensionnat. Or, « elle avançait beaucoup à la besogne », témoignèrent plus tard ses compagnes. « Il est clair et prouvé, écrit de son côté mère Thérèse-Eugénie, qu'elle fait journellement l'ouvrage de deux personnes. »

Enfin, elle savait faire front à l'occasion et n'était nullement dépourvue d'humour, comme le démontrent deux petits incidents.

Le premier se passa à la cuisine. Les sœurs converses allaient commencer les invocations aux saintes Plaies lorsque l'une d'elles fit cette réflexion : « Mais pourquoi disons-nous : ‹ Pardon et miséricorde › ? – Cela, reprit étourdiment une autre, c'est une *invention* de sœur Marie-Marthe. »

La jeune converse se montra alors un peu contrariée. « Ces invocations sont pourtant importantes pour Notre-Seigneur », dit-elle, puis elle se replongea dans son recueillement habituel.

Le second incident révèle une petite jalousie que quelques religieuses témoignaient parce qu'elle avait obtenu la faveur, si rare alors, de pouvoir communier chaque jour. Un jour, une sœur lui fit une remarque à ce sujet : « Vous devriez être sainte, vous qui communiez tous les jours !... »

Sœur Marie-Marthe gardait habituellement le silence face aux remarques qui la blessaient. Mais en souvenir de cette fois-là, lorsque le moment opportun se présenta, elle se permit une douce revanche : à la suite du décret du pape Pie X, il fut dorénavant permis de communier quotidiennement. Au cours d'une journée, elle aborda ses compagnes en leur disant : « Eh bien ! nos sœurs, qu'en dites-vous maintenant ?... Êtes-vous des saintes ?... »

Sœur Marie-Marthe est pacifique, effacée, indifférente même tant qu'il ne s'agit que d'elle-même. Mais si l'honneur de Dieu est atteint elle se dresse et élève la voix.

Les premières manifestations

Au cours des deux années qui suivirent la profession, aucun fait saillant ne marqua la voie intérieure de sœur Marie-Marthe. À part un don d'oraison peu commun et un recueillement inhabituel, il n'y avait rien de vraiment particulier qui fasse prévoir des voies extraordinaires.

C'est en juin 1866 que la jeune converse, qui venait d'avoir vingt-six ans, commença à être favorisée des visites fréquentes de Notre-Seigneur, auxquelles se joignaient celles de la Sainte Vierge, des âmes du purgatoire et des esprits bienheureux. « Elle entretient à tout instant, nota quelques mois plus tard mère Thérèse-Eugénie, une douce relation avec Notre-Seigneur, sa sainte mère, nos saints fondateurs, les anges et les saints. Dieu le Père lui-même abaissa plusieurs fois vers elle son infinie grandeur, lui donnant Jésus, illuminant son cœur de célestes clartés. »

Les premières exigences de Jésus crucifié semblaient vouloir la conduire par une voie peu commune.

Sœur Marie-Marthe fut d'abord invitée par Notre-Seigneur à passer les nuits étendue sur le plancher de sa cellule. Elle s'en ouvrit à sa maîtresse, qui refusa la permission parce que la chose était en dehors des règles ordinaires. Sœur Marie-Marthe se soumit humblement. Mais Jésus manifesta son mécontentement en retirant désormais tout sommeil à celle qu'il avait choisie.

Après une longue épreuve, sœur Marie-Alexis cessa de s'opposer à ce qui paraissait vraiment le désir du divin Maître; elle accorda la permission demandée. «Aussitôt le sommeil revient, bon et paisible comme celui d'un enfant!», écrivit-elle.

Peu après, c'est un rude cilice que sœur Marie-Marthe dut porter jour et nuit. Nouvelle épreuve, nouvelle manifestation de la volonté divine! La directrice lui ordonnait parfois de le quitter; la jeune religieuse obéissait bien vite, et même joyeusement, car elle ne supportait le cilice qu'avec peine.

C'est au cours de la retraite de septembre 1866 que Jésus, engageant toujours plus sœur Marie-Marthe en cette voie de pénitence, lui demanda de placer sur sa tête une couronne d'épines. Il désirait qu'elle devienne comme sa vivante image, lorsqu'elle était étendue la nuit sur le plancher, les bras en croix.

Devant une requête aussi extraordinaire, les supérieures hésitèrent avant de donner leur consentement. Alors de nouvelles souffrances s'abattirent sur la jeune religieuse : ce furent des maux de tête intolérables et des douleurs multiples auxquels s'ajoutait une transpiration étonnamment abondante. On fut obligé de la mettre au lit, et, durant plusieurs jours, sœur Marie-Marthe ne prit ni boisson ni nourriture.

Un après-midi, la supérieure se rendit auprès de la malade et lui demanda la cause de son état. Timidement, avec une expression douloureuse, la jeune religieuse répondit : « Ma mère, vous ne voulez pas permettre ce qu'il désire. – Est-ce au sujet de la couronne d'épines ? – Oui, ma mère. – Eh bien ! si c'est vraiment Notre-Seigneur qui exige de vous ce nouveau genre de mortification, il nous faut un signe pour reconnaître sa volonté... Que votre transpiration cesse à l'instant, que vos douleurs disparaissent et qu'une parfaite santé vous soit rendue à l'heure même. Si cette grâce vous est accordée et se maintient huit jours de suite, nous croirons que Dieu le veut et nous vous permettrons de porter cette couronne. »

« Je m'éloignai, continue la religieuse, tout émue de ce que je venais de faire, et je me rendis aux vêpres, qui sonnaient. Aussitôt après, revenant à l'infirmerie, quelle ne fut pas ma surprise de trouver sœur Marie-Marthe debout et mangeant de fort bon appétit !

« Qui vous a permis de vous lever ainsi ?, m'écriai-je, non sans quelque vivacité. – Mais, ma mère, vous m'avez ordonné de demander ma guérison à Notre-Seigneur. Je l'ai fait, et il a dit : ‹ Oui, tout ce que vous voudrez. › La transpiration a cessé tout de suite ; tous les malaises ont disparu. Je me suis levée et j'ai grand-faim ! Et j'espère, ma mère, que vous me laisserez encore souper ce soir... Que faut-il que je fasse maintenant ? »

Sœur Marie-Marthe se porta à merveille toute la semaine, sauf le vendredi, où elle souffrit un peu. Sur la remarque qu'en fit la supérieure, le divin Maître répondit : « *Ma fille, ce jour est consacré à mes souffrances, il faut bien m'accorder quelque chose.* »

Il n'était plus possible de résister à la volonté divine si clairement manifestée. Notre-Seigneur apprit lui-même à son épouse comment elle devait tresser cette couronne avec des épines très aiguës, qui ne lui permirent plus de reposer la tête sans ressentir de vives douleurs.

« Vraiment semblable à une ‹ vierge martyre ›, écrit sœur Thérèse-Eugénie, elle passe toutes les nuits étendue à terre, les bras en croix, le front ceint de la couronne d'épines.

« Un soir qu'il lui semblait ne pouvoir plus en supporter la souffrance, elle s'en plaignit à son Bien-Aimé : « *Ma fille, appuie encore plus fort* », lui dit-il. Sœur Marie-Marthe obéit, et son obéissance, aussi simple que courageuse, reçut sa récompense immédiate : toute douleur disparut à l'instant, cette fois-là. »

La dévotion aux saintes Plaies

L'élue de Jésus crucifié

Dès la fin de l'année 1866, la grande dévotion de sœur Marie-Marthe, soit la tâche de faire valoir les mérites de la Passion de Notre-Seigneur, se fit plus précise. «Il la pressait d'offrir à chaque instant ses Plaies saintes à Dieu le Père pour les besoins de la sainte Église et de la communauté, pour la conversion des pécheurs et principalement pour les âmes du purgatoire», écrit la supérieure.

«*Avec mes saintes Plaies, disait Jésus, vous avez toutes les richesses du ciel pour les départir à la terre. Vous devez faire valoir la fortune de mes saintes Plaies. Il ne faut pas rester pauvres, parce que votre Père est bien riche.* Votre richesse, c'est ma sainte Passion.»

«*Une chose me fait de la peine, ajoutait-il, c'est qu'il y a des âmes qui regardent la dévotion à mes Plaies comme étrange, comme méprisable, comme une chose qui ne convient pas... c'est pour cela qu'elle tombe et qu'on l'oublie.*

«*Au ciel, j'ai des saints qui ont eu une grande dévotion à mes saintes Plaies; mais sur la terre, il n'est presque personne qui m'honore de cette façon-là.*»

Quelques mois plus tard, les demandes de Notre-Seigneur se firent plus pressantes.

Au mois de septembre 1867, le choléra s'abattit sur la Savoie, faisant partout, mais spécialement dans la ville de Chambéry, de très nombreuses victimes.

C'est à cette date que, pour accueillir les orphelins laissés par l'épidémie, le chanoine Costa de Beauregard fonda l'orphelinat du Bocage.

Or, à la Visitation, on voyait venir avec appréhension le jour fixé pour la rentrée des élèves. Les religieuses chargèrent sœur Marie-Marthe de prier le divin Rédempteur de vouloir bien préserver la communauté. Jésus, se penchant vers la docile médiatrice, lui confia cette bienveillante réponse : «*Ne craignez rien. Vous êtes dans le monastère comme dans l'arche de Noé. Le fléau viendra jusqu'à la porte; mais il ne pénétrera pas au-dedans. Quant aux élèves, il ne faut pas retarder leur rentrée. Elles n'apporteront pas le fléau, et, une fois dans la maison, elles seront à l'abri.* »

De fait, nota la supérieure, les élèves arrivèrent nombreuses cette année-là et il n'y eut aucun mal.

Les religieuses de la communauté organisèrent un triduum d'action de grâces au cours de ce même mois, et c'est à cette occasion que sœur Marie-Marthe comprit davantage sa « mission ».

Le 25 septembre, la jeune religieuse étant très souffrante, la supérieure lui conseilla de se mettre au lit. Or, à peine y fut-elle que la voix de Notre-Seigneur se fit entendre : «*Je veux te tenir là trois jours en l'honneur des trois Personnes divines.* » Ce furent pour la voyante trois jours de grâces exceptionnelles. Toute la splendeur des cieux vint illuminer l'étroite cellule où descendit la Trinité sainte.

Le 26 septembre, au sanctus de la messe, sœur Marie-Marthe se trouva ravie en extase. Dieu le Père s'offrit à ses regards au-dessus d'un autel magnifique et, lui montrant Jésus, lui dit : *«Je te donne celui que tu m'offres si souvent. Je t'associe à mes anges. Sache que tu as plus de pouvoir qu'eux, parce que tu peux sans cesse m'offrir les Plaies de mon divin Fils pour les pécheurs et ils ne peuvent que les contempler.»*

Sœur Marie-Marthe voyait tous les saints prosternés dans une adoration profonde.

Le deuxième jour, soit le 27 septembre, elle fut transportée en esprit dans l'étable de Bethléem. L'Enfant-Dieu lui apparut couché dans la crèche, saint Joseph et les anges le contemplant dans une silencieuse adoration.

La Sainte Vierge le prit et le déposa entre ses bras, disant : *«Ma fille, je te le donne comme je l'ai donné au monde.»*

Elle reçut alors de vives lumières sur le mystère de la Nativité, sur la pauvreté de Notre-Seigneur, sur le dépouillement que Jésus exige de ses épouses et sur la générosité qu'il leur demande pour avancer dans cette voie de pauvreté et de renoncement.

À ce moment, disent les manuscrits, deux chemins apparurent aux yeux de la jeune religieuse.

«Le premier est celui de l'âme qui s'abandonne à la volonté de Notre-Seigneur. L'amour la purifiera et, après avoir passé par le même chemin que Jésus, elle ira tout droit au ciel. Le second, celui des âmes qui marchent par force. Elles font leurs actions parce qu'il faut les faire... Ce n'est pas l'amour qui les conduit. Elles ont beaucoup de peine et n'avancent guère.

« Pour entrer dans le premier chemin, deux choses sont nécessaires : *l'ouverture de cœur et l'obéissance simple ; la fidélité à ne rien refuser aux lumières de sa conscience.*

« *Ma fille, demande-moi cette grâce pour toutes les âmes religieuses.* »

Le troisième jour, sœur Marie-Marthe vit encore, dans un nouveau ravissement, la cour céleste entourant les trois Personnes divines. Dieu le Père, tirant de lui-même son Esprit comme un rayon de feu, en fit don à son âme : « *Il y a là-dedans,* affirma-t-il, *la lumière, la souffrance et l'amour !... L'amour sera pour moi, la lumière pour découvrir ma volonté, la souffrance pour souffrir de moment en moment.* »

Puis, l'invitant à contempler la croix de son Fils, le Père lui donna de mieux comprendre les Plaies de Jésus pour son bien personnel. En même temps, dans un rayon de lumière qui partait de la terre pour aboutir au ciel, elle vit clairement sa « *mission* » et comment elle devait faire connaître les mérites des Plaies de Jésus au monde entier.

Dieu le Père lui fit aussi comprendre la signification de ces visions. Les deux dernières, figures de la vie cachée et de la vie crucifiée, étaient pour lui montrer le chemin de la première : la gloire éternelle.

On le comprendra sans peine, au sortir de ces grandes journées, la jeune voyante, illuminée des clartés divines, restait plongée dans une contemplation intérieure dont rien ne pouvait la distraire. « Elle n'avait plus que son corps sur la terre », notera la supérieure.

Trois jours après, le 2 octobre, sœur Marie-Marthe assistait à une « prise d'habit » lorsque, la voûte des cieux s'entrouvrant, elle vit s'y dérouler la même cérémonie dans une splendeur bien différente de celle de la terre. Toute la Visitation du ciel était présente pour accueillir la jeune novice, Marie-Modeste d'Agoûlt. Les mères fondatrices, s'adressant à sœur Marie-Marthe, lui dirent toutes joyeuses : « Le Père éternel a donné à notre saint ordre son Fils en trois manières :

1° Jésus-Christ crucifié, la croix, ses saintes Plaies, à cette maison plus particulièrement ;

2° son Sacré-Cœur ;

3° Jésus-Enfant. Il faut que vous ayez toute la simplicité de l'enfant dans vos rapports avec lui. »

Ces trois dons n'apparaissent pas comme quelque chose de nouveau pour des religieuses Visitandines ; celles-ci les considèrent en quelque sorte comme des biens de famille ! En effet, en remontant aux origines de l'institut, on retrouve dans la vie de mère Anne-Marguerite Clément, contemporaine de sœur Jeanne de Chantal, ces trois dévotions que toutes les religieuses formées par elle ont bien gardées.

Le 23 octobre suivant, mère Marie-Pauline Deglapigny insiste sur le même point. Apparaissant à son ancienne fille, elle lui confirme ce don des saintes Plaies : « La Visitation avait déjà une grande richesse, mais elle n'était pas complète. Voilà pourquoi est heureux le jour où j'ai quitté la terre, parce qu'au lieu d'avoir à honorer seulement le Cœur de Notre-Seigneur vous aurez (pour objet sensible de votre dévotion) toute sa sainte humanité, c'est-à-dire ses Plaies sacrées. J'ai demandé cette grâce.»

Saint François de Sales, qui très souvent visita sa chère fille pour l'instruire, ne manque pas de l'affermir dans la certitude de sa «mission»: «Dieu t'a choisie pour compléter la dévotion au Sacré-Cœur; le Cœur a été montré à la bienheureuse Marguerite-Marie et les saintes Plaies à ma petite Marie-Marthe!... C'est un bonheur pour mon cœur de père que cet honneur soit rendu par vous à Jésus crucifié!»

La Vierge Marie vint aussi, un jour de la Visitation, confirmer sœur Marie-Marthe dans sa voie. Accompagnée des saints fondateurs et de sainte Marguerite-Marie, elle dit:

«Je donne mon Fruit à la Visitation comme je l'ai porté à ma cousine Élisabeth. Ton saint fondateur a reproduit les travaux, la douceur et l'humilité de mon Fils; ta sainte mère de Chantal, ma générosité, en passant par-dessus tous les obstacles pour s'unir à Jésus et faire sa sainte volonté; la bienheureuse sœur Marguerite-Marie a reproduit le Sacré-Cœur de mon Fils pour le donner au monde... Et toi, ma fille, tu es choisie pour arrêter la justice de Dieu en faisant valoir les mérites de la Passion et des saintes Plaies de mon unique et bien-aimé Fils Jésus.»

Dieu le Père l'instruisit également de sa mission future: *«Mon enfant, je te donne mon Fils pour t'aider tout le long du jour. Tu puiseras constamment dans les Plaies de Jésus la miséricorde pour le pardon des pécheurs.»*

Notre-Seigneur lui donnera par la suite, à plusieurs reprises, l'assurance qu'elle est réellement appelée à raviver la dévotion aux Plaies rédemptrices : *« Je t'ai choisie pour réveiller la dévotion à ma sainte Passion dans les temps malheureux où vous vivez.* » Puis, lui montrant ses saintes Plaies comme un livre où il veut lui apprendre à lire, il ajoute : *« Ne bouge pas les yeux de dessus ce livre et tu en apprendras plus que les plus grands savants. La prière aux saintes Plaies comprend tout.* »

C'est ainsi que chaque jour, à chaque instant, le Dieu du Calvaire dévoile à l'âme ravie de sœur Marie-Marthe les innombrables motifs d'invoquer les divines Plaies, comme aussi les inappréciables trésors de ces sources de vie.

« Après ma sainte mère, aucune âme n'a eu comme toi la grâce de contempler jour et nuit mes saintes Plaies. »

En même temps, il lui fait part de son immense désir de voir se répandre les grâces dont déborde son Cœur :

« Venez recevoir l'amour de mon Cœur, qui désire déverser son trop-plein. Je veux verser en vous de mon abondance... »

La supérieure écrit à cette époque : « Notre-Seigneur lui montre chaque jour ses divines Plaies. Elles apparaissent d'une manière sensible aux yeux de son âme, tantôt resplendissantes, ce qui l'enivre de joie, tantôt ensanglantées, ce qui lui occasionne un martyre inexplicable : ‹ *Je veux que tu les voies ainsi, afin que tu comprennes mieux ce que j'ai fait en venant sur la terre souffrir pour toi.* › »

Si le Sauveur découvrait ainsi à l'humble converse toutes les richesses de ses Plaies, il semblait, toutefois, ouvrir avec une tendresse plus particulière encore les trésors de la Plaie de son Cœur sacré :

« *Voilà la Source où vous devez tout puiser* », dira-t-il en montrant ses Plaies dans une splendeur lumineuse alors que celle de son Cœur sacré brillait parmi les autres d'un éclat incomparable :

« *Là, il faut prendre la douceur et l'humilité.* »

« *Je veux que tous vos cœurs entrent dans le mien. C'est là que votre père saint François a puisé ses maximes. C'est dans mon Cœur qu'on trouve la paix.* »

Cet amour pour les siens, Jésus y attache tant de prix qu'il va jusqu'à le mendier.

Apparaissant un jour dans toute la beauté de sa résurrection, il dit à sa bien-aimée : « *Avec cela, ma fille, je mendie comme le ferait un pauvre ! J'appelle mes enfants un à un... Je les attends...* »

« *Je mendie de l'amour parfait, mais le plus grand nombre, même parmi les âmes religieuses, me refuse cet amour !... Ma fille, aime-moi, avant tout, pour moi-même.* »

Il lui demande d'offrir sans cesse ses divines Plaies pour le salut du monde : « *Ma fille, le monde sera plus ou moins troublé suivant que tu feras ta tâche. Tu es choisie pour satisfaire ma justice.*

« *Je veux que, par cette dévotion, non seulement les âmes avec lesquelles tu vis se fassent saintes, mais beaucoup d'autres encore.*

« *Je t'ai choisie pour faire valoir les mérites de ma sainte Passion pour tous ; mais je veux que tu sois toujours cachée. À moi de faire connaître plus tard que c'est par ce moyen que le monde sera sauvé, et par les mains aussi de ma mère immaculée. »*

Pour augmenter le zèle de sœur Marie-Marthe, il se plaît à lui exposer les avantages de cette dévotion, tous les trésors de ces sources de vie :

« Ma fille, chaque fois que vous offrez à mon Père les mérites de mes divines Plaies, vous gagnez une fortune immense.

« Mon Père est touché par l'offrande de mes Plaies sacrées et des douleurs de ma divine mère. Lui offrir mes Plaies, c'est lui offrir sa gloire, c'est offrir le ciel au ciel.

« Une de mes créatures m'a trahi et a vendu mon sang ; mais vous pouvez si facilement le racheter goutte à goutte !... Une seule goutte suffit pour purifier la terre et vous n'y pensez pas ! Vous n'en connaissez pas le prix ! »

Montrant à sa bien-aimée ces « fontaines de salut » comme suspendues entre le ciel et la terre, il dit :

« Ma fille, reconnais le trésor du monde... Le monde ne veut pas le reconnaître... »

Il la presse de venir avec confiance à ce trésor :

« Celui qui est dans le besoin, qu'il vienne avec foi et confiance, qu'il puise constamment dans le trésor de ma Passion.

« Voilà de quoi payer pour tous ceux qui ont des dettes.

« Il ne faut pas craindre de montrer mes Plaies aux âmes. Le chemin de mes Plaies est si simple et si facile pour aller au ciel.

« Dans la contemplation de mes Plaies, on trouve tout pour soi et pour les autres. »

Il multiplie les encourageantes promesses :

« *J'accorderai tout ce que l'on me demandera par la dévotion aux saintes Plaies. Ceux qui les honorent auront une vraie connaissance de Jésus-Christ.*

« *Ma fille, où se sont faits les saints, sinon dans mes Plaies ? De mes Plaies sortent des fruits de sainteté. De même que l'or purifié dans le creuset devient plus beau, de même il faut mettre ton âme et celles de tes sœurs en mes Plaies sacrées ; là, elles se perfectionneront comme l'or dans la fournaise.* »

Les saintes Plaies ont une efficacité merveilleuse pour la conversion des pécheurs.

Un jour, sœur Marie-Marthe, saisie d'angoisse à la pensée des crimes de la terre, s'écria : « Mon Jésus, prenez soin de vos enfants, ne regardez pas leurs péchés. »

Le divin Maître, répondant à son appel, lui apprit l'aspiration : « Mon Jésus, pardon et miséricorde par les mérites de vos saintes Plaies. » Puis il ajouta : « *Beaucoup de personnes éprouveront l'efficacité de cette invocation.* »

« *Je désire que les prêtres la donnent souvent à leurs pénitents lors du sacrement de réconciliation* », déclara-t-il une autre fois.

« *Le pécheur qui dira la prière suivante :* ‹ Père éternel, je vous offre les Plaies de Notre-Seigneur pour guérir celles de nos âmes › *obtiendra sa conversion.* »

Les saintes Plaies sont un baume et un réconfort dans la souffrance :

« Il faut souvent répéter auprès des malades cette aspiration : ‹ Mon Jésus, pardon et miséricorde par les mérites de vos saintes Plaies. › Cette prière soulagera l'âme et le corps. »

Les saintes Plaies assurent une bonne mort :

« Il n'y aura pas de mort pour l'âme qui expirera dans mes Plaies, elles donnent la vraie vie. »

La couronne d'épines

Un historien de sainte Jeanne de Chantal, décrivant le règlement de vie qu'elle avait adopté dès avant son entrée en religion, dit qu'elle rentrait chaque soir «dans une des Plaies de Notre-Seigneur» et que, le vendredi, elle choisissait «les cicatrices de son adorable tête».

Il semble opportun de rappeler ici cette dévotion de la sainte fondatrice. En effet, une chose frappante dans la démarche spirituelle de sœur Marie-Marthe est que Jésus réclame un culte spécial de vénération, de réparation et d'amour envers sa couronne d'épines.

Il dira un jour que cette couronne lui fut une cause de souffrance particulièrement cruelle : «*Ma couronne d'épines m'a fait plus souffrir que toutes mes autres Plaies. Elle a été ma plus cruelle souffrance après le jardin des Oliviers. Pour l'alléger, il faut bien observer votre règle.*»

La couronne d'épines est le don de choix que lui, le Christ, fait à ses amis : «*Ma couronne d'épines, je la donne à mes privilégiés. Elle est le bien propre de mes épouses. Elle est la gloire des bienheureux, mais pour mes bien-aimés sur la terre, elle est une souffrance.*» (À la place de chaque épine, sœur Marie-Marthe voyait sortir un rayon de gloire impossible à décrire.)

« *Mes vrais serviteurs essayent de souffrir comme moi ; mais aucun ne peut atteindre le degré de souffrance que j'ai enduré.* »

De ces personnes-là, Jésus-Christ sollicite une plus tendre compassion envers son couronnement d'épines. Il adresse un véritable cri du cœur à sœur Marie-Marthe en lui révélant sa tête ensanglantée, exprimant une souffrance telle que la pauvre religieuse ne sut en quels termes la rendre vraiment : « *Voilà celui que tu cherches ! Vois dans quel état il est !... Regarde... retire les épines de ma tête en offrant à mon Père le mérite de mes Plaies pour les pécheurs... Va à la recherche des âmes !...* »

Dans ces appels du Sauveur, toujours revient, comme un écho de l'éternel « *Sitio* », la préoccupation des âmes à sauver : « *Va à la recherche des âmes !* »

Mais si la sainte couronne contribue au bonheur des justes, elle est, par contre, un objet de terreur pour les méchants. C'est ce qu'entrevit un jour sœur Marie-Marthe dans un tableau offert à sa contemplation et qui la troubla profondément.

Elle vit, tout illuminé des splendeurs de cette couronne, le tribunal où les âmes sont jugées. Il en passait continuellement devant le souverain Juge. Les âmes qui avaient été fidèles pendant leur vie se jetaient avec confiance dans les bras du Sauveur. Les autres, à la vue de la sainte couronne et au souvenir de l'amour du Christ qu'elles avaient méprisé, se précipitaient, terrifiées, dans les abîmes éternels.

« L'amour a tant de force, disait saint François de Sales, qu'il attire à soi les qualités de l'objet aimé. » Chez sa jeune disciple, la transformation produite par

ce regard de complaisance douloureuse était si profonde qu'elle croyait parfois ne faire qu'un avec Jésus
souffrant et que les Plaies de son Époux étaient deve-
nues les siennes.

Son plus ardent désir était de susciter dans l'uni-
vers les sentiments d'amour et de reconnaissance
qu'elles doivent inspirer, étant prête elle-même à donner sa vie pour la propagation d'un culte qu'elle voulait
immense, passionné, sans limites. Pour elle-même,
d'abord, elle voulut répondre à l'appel du divin Maître
d'une manière positive, officielle.

C'est ainsi que, le 17 octobre 1867, mère Thérèse-
Eugénie rédigeait à cet effet, au nom de sa chère religieuse, les conventions suivantes :

« Je, sœur Marie-Marthe Chambon, promets à
Notre-Seigneur Jésus-Christ de m'offrir tous les matins à Dieu le Père, en union avec les divines Plaies de
Jésus crucifié, pour le salut du monde entier et pour le
bien et la perfection de ma communauté.

« Je l'adorerai dans tous les cœurs qui le reçoivent
dans la sainte eucharistie... Je le remercierai de ce qu'il
veut bien venir dans tant de cœurs qui sont si peu
préparés.

« Je promets à Notre-Seigneur d'offrir toutes les
dix minutes – avec le secours de sa grâce et en esprit
d'obéissance – les divines Plaies de son sacré corps au
Père éternel... d'unir toutes mes actions à ses saintes
Plaies, selon les intentions de son Cœur adorable,
pour le triomphe de la sainte Église, pour les pécheurs
et les âmes du purgatoire, pour tous les besoins de ma
communauté, ceux du noviciat, du pensionnat et en

expiation de toutes les fautes qui s'y commettent. Tout ceci par amour, sans obligation de péché (en cas d'oubli). »

L'invocation : « Père éternel, je vous offre les Plaies de Notre-Seigneur Jésus-Christ pour guérir celles de nos âmes », telle est la formule de cette offrande.

Sœur Marie-Marthe avait promis de la réciter toutes les « dix minutes »; mais il ne se passait guère de moment dans la journée où sa bouche ne la renouvelait, en y joignant la seconde invocation :

« Mon Jésus, pardon et miséricorde par les mérites de vos saintes Plaies. »

La vie de sœur Marie-Marthe devint ainsi, en même temps qu'une immolation continuelle, une prière ininterrompue : l'union à Dieu et un profond recueillement se lisaient sur sa physionomie. En la voyant, on était frappé de ses yeux presque toujours fermés, de ses lèvres murmurant sans cesse une prière.

C'était surtout à l'époque de ses retraites annuelles que la sœur recevait, avec les marques de tendresse de son divin Époux, des appels plus pressants à la dévotion des saintes Plaies et à la crucifixion. Et tandis qu'elle s'exerçait à sa « tâche », l'action de Notre-Seigneur se poursuivait, douce mais irrésistible.

L'année suivante, au premier jour de sa retraite en solitude, sœur Marie-Marthe entendait Jésus-Eucharistie lui dire : *« Je me donne à toi pour faire ta retraite. Retire-toi en ton cœur et ferme ta porte, pour que nous soyons ‹ seul à seul ›. Ceci est le ciel. »*

Présentant ensuite à ses regards l'image du crucifix :

« *Vois-tu ce corps si beau du petit Enfant-Jésus dans ton cœur, comme il est devenu... il faut que tu retraces dans ton âme le déchirement où tu me vois.* »

Le soir venu, comme la religieuse s'étendait sur le plancher de sa cellule pour y passer la nuit, Notre-Seigneur lui fit entendre ces mots : « *Dis-moi maintenant : ‹ Jésus, voici votre victime.* › » Sœur Marie-Marthe frémit tout d'abord et repoussa cette vision de souffrance. Devant la croix qui lui était offerte, sa nature se révolta. Jusqu'à minuit, ce fut une lutte terrible. Mais alors, Jésus apparut à sa servante, le front déchiré et sanglant, tout le corps brisé, la face souillée, meurtrie, sillonnée de larmes : « *Ma fille,* lui dit-il, *ta supérieure t'a donné pour livre de retraite le crucifix... le voilà !* »

Après plusieurs heures de silencieuse contemplation, Notre-Seigneur lui fit ressentir la douleur de deux Plaies qu'il avait éprouvée lorsque les bourreaux l'avaient frappé à la tête. Elle garda toute la nuit l'impression très douloureuse de ces meurtrissures :

« *Tu es martyre de Jésus-Christ,* déclara le Sauveur Jésus, *dispose-toi à recevoir toutes mes Plaies les unes après les autres. Tu seras une martyre qui vivra toujours.* »

Mais Jésus récompensa plusieurs fois les efforts et le zèle de son humble épouse.

Lors de la retraite de septembre 1881, alors qu'elle se trouvait dans un état intérieur très pénible, son cœur restait sec, sa prière sans onction. Elle lui dit alors : « Mon doux Jésus, je veux, malgré tout, faire mon devoir, qui est d'offrir sans cesse vos divines Plaies. »

Elle pria ainsi pendant trois quarts d'heure. Alors Jésus vint à elle : « *Ma fille, crois-tu que je puisse rester sourd aux âmes qui invoquent mes saintes Plaies ? Mon Cœur est grand, mon Cœur est sensible ! La plaie de mon Sacré-Cœur s'ouvre largement pour enfermer tous vos besoins !* »

Au même instant, elle voit les Plaies du Christ comme autant de soleils dont elle ne pouvait soutenir l'éclat ; la couronne d'épines et le Cœur surtout lui paraissent un foyer de clarté : « *Ma fille, voilà ce qu'il t'est réservé de voir... Après les avoir bien invoquées pendant la vie, tu les contempleras ainsi pendant l'éternité.* »

« Ah ! ma sœur, dira plus tard la jeune religieuse à sœur Thérèse-Eugénie, c'est si beau que l'on ne peut rien en dire : l'or et les diamants sont bien peu de choses !... »

Sœur Marie-Marthe ne « tenait à rien ». Son cœur « était libre ». C'est que l'amour de Dieu l'absorbait tout entière. Son âme ne voulait et ne pouvait plus rien laisser subsister de créé en elle, plus rien de l'attachement aux créatures ni à elle-même : Dieu seul !... Dieu seul !... Ainsi dégagée du créé, nulle entrave ne paralysait son élan.

Il n'est pas exagéré de dire que les appels de Jésus crucifié, les intimités de la communion et les ardentes communications de l'Esprit avaient allumé et entretenaient en l'âme de la religieuse comme un incendie d'amour.

On trouve en effet, dans la période la plus riche de son existence, la trace de ces emprises divines qui

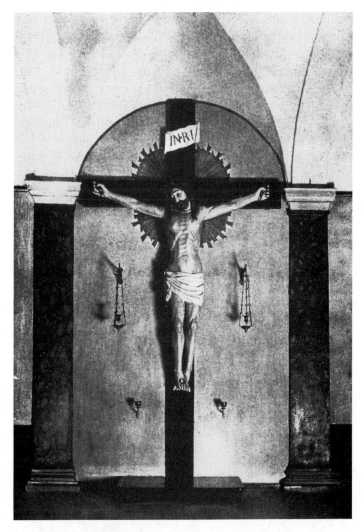

Le grand Christ miraculeux de l'ancienne église de
Saint-Dominique de Chambéry, remontant,
disent les chroniques de 1672, à un temps immémorial.

brûlent, d'une certaine manière, le corps autant que l'âme : *« Je veux que mon Cœur brûle le tien. J'en ai besoin et tu en as besoin parce que je veux me communiquer par toi à mes créatures.* » Il semble qu'ensuite et jusqu'au dernier jour ce feu intérieur s'exhale de préférence dans une prière d'intercession montant vers le ciel comme un encens d'amour – prière qui traduit toute l'âme de sœur Marie-Marthe, soulage son besoin d'aimer et de réparer, en même temps qu'elle gagne à Dieu de nombreuses âmes. Et cependant, l'humble moniale demeure ignorante d'elle-même, si consumée par l'amour qu'elle paraît identifiée à son Époux.

Son aide spirituelle l'interrogeait un jour : « Sœur Marie-Marthe, cela ne vous fatigue pas de rester à genoux toute la matinée à jeun ? – On ne sait pas, on ne pense pas à ces choses-là. – Vous êtes sans doute bien lasse après ? – Oh ! non, mais on ne sait plus bien où l'on en est. – Vous devez dire beaucoup de choses à Jésus pendant tout ce temps ? – Oh ! non... on s'aime. »

« On s'aime ! » voilà le mot suprême de l'Époux et de l'épouse ! « On s'aime ! » Tout ce que Notre-Seigneur demande à sœur Marie-Marthe : travail, prière, souffrance , apostolat ; tout ce qu'il lui donne : épreuves ou grâces... tout cela n'est qu'amour et n'a qu'un but : alimenter, manifester, prouver ce mutuel amour... « On s'aime ! »

« Si tu veux apprendre à me connaître, je te l'apprendrai », lui dit Jésus. *« Suis-moi partout, moi seul peux t'instruire.* »

Et découvrant la blessure de son Cœur sacré, le Maître ajoute : *« Viens, mon enfant. En livrant son cœur à*

Dieu, l'âme reçoit des lumières et des grâces pour aimer qu'aucun livre ne peut lui donner.»

«Je t'apprendrai à m'aimer, car tu ne sais pas le faire : la science de l'amour est donnée à l'âme qui regarde le divin Crucifié et lui parle cœur à cœur.»

«*Ma fille,* disait encore le Sauveur, *pour atteindre celui que tu prétends trouver, il faut entrer dans l'intime de ton cœur : là, tu pourras m'aviser et je t'aviserai. Mon secret d'amour est découvert à l'âme qui s'unit à moi et s'entretient avec moi dans le fond de son cœur.»*

Et ce secret, l'Époux ne le livre qu'à l'âme à laquelle il est réservé. «*Ma fille, j'ai des milliers d'âmes favorisées. Je suis unique pour chacune. Il est un secret d'amour qui demeurera uniquement entre l'Époux et l'épouse pendant l'éternité.»*

Sous l'impulsion des propres désirs du Bien-Aimé, sœur Marie-Marthe lui demanda un jour que toutes les sœurs de la communauté sachent bien s'entretenir avec lui cœur à cœur :

«*Ah!* répondit Jésus avec l'expression d'une ardente tendresse, *que ceci me fait plaisir! car c'est pour moi!... Celles qui me parlent dans leur cœur font mes délices. Dans ce cœur à cœur, je souffre moins de l'ingratitude des hommes.»*

Une fois, Jésus montra à sœur Marie-Marthe la place qui lui était destinée au ciel. Elle, aussitôt, s'humiliant intérieurement et interrogeant avec une certaine anxiété: «Bon Maître, n'y a-t-il rien en moi qui m'empêche d'y aller? – *Cela ne manque pas,* répondit doucement Notre-Seigneur, *mais l'amour efface tout.»*

À maintes reprises Jésus lui dit cette consolante parole qui exprime si bien l'action de la contrition parfaite dans les âmes : *« L'amour efface tout.* » Un jour, sentant un vif désir de s'unir à lui, la religieuse suppliait le Sauveur de la retirer en son paradis. Jésus ne semblait pas l'écouter... Alors, elle s'écria : « Ah ! Jésus, ici, on est toujours exposé à vous offenser ! – *Ma fille, l'amour efface tout.* » Et comme, avec insistance, elle demandait encore à son Maître de lui accorder au moins la grâce de ne plus jamais l'offenser, il répondit : *« Quand tu viens à moi avec amour, je ne regarde plus tes fautes, je ne regarde que ton amour... L'amour efface tout. »*

Un autre jour, sœur Marie-Marthe n'osait s'approcher de la sainte table, au souvenir d'une infidélité. Notre-Seigneur la rassura par des paroles identiques : *« L'amour purifie tout.* – Bon Maître, est-ce aujourd'hui seulement que je serai purifiée ? – *Non, ma fille, l'âme est purifiée toutes les fois qu'elle aime d'un amour fort. Mais il faut un amour vrai, pur et dégagé de tout.*

« L'épouse qui aime peut agir librement. Je prends soin de purifier son âme à mesure qu'elle travaille dans mon amour.

« Mon union avec toi est ton seul bien : là se fait ton avancement et personne ne peut l'empêcher.

« Il faut que tu sois comme l'épine à la branche où elle est attachée. »

« Repose-toi sur mon Cœur : la place de l'épouse est sur le Cœur de son Époux ! Tu es là pour le temps et pour l'éternité. »

« Je n'ai besoin que de ton cœur, » aime-t-il à répéter. Et montrant son Cœur ouvert : *« Tu n'as besoin que du mien. »*

Les exigences du divin Maître devaient jalonner, avec plus ou moins d'intensité, toute l'existence de la religieuse. En 1887, mère Thérèse-Eugénie note : « Notre-Seigneur dit constamment à sa fidèle épouse : ‹ Ma fille, monte le Calvaire avec moi. Je te veux victime debout !... › »

Les stigmates

Le divin Maître voulut imprimer les signes extérieurs de l'amour crucifié à celle qu'il avait choisie pour une mission rédemptrice, ainsi associée d'une façon toute spéciale à l'œuvre de Notre-Seigneur Jésus-Christ.

« Tu es martyre de Jésus-Christ », lui avait-il déclaré un jour. « Dispose-toi à recevoir toutes mes Plaies les unes après les autres. »

Ce moment arriva le 12 juin 1874. À l'aube de la fête du Sacré-Cœur, sœur Marie-Marthe était étendue à terre. Or, tandis qu'elle s'offrait à Dieu le Père en union si intime avec son divin Fils qu'il lui semblait être passée en lui, Notre-Seigneur lui apparut. Aussitôt elle ressentit l'impression d'un fer brûlant qui lui transperçait le pied gauche.

Les deux anciennes mères, Marie-Alexis Blanc et Thérèse-Eugénie Revel, examinèrent la blessure : elle était assez profonde, et très douloureuse.

Quinze jours plus tard, elle reçut la même blessure au pied droit. La douleur fut si forte, cette fois, que sœur Marie-Marthe avait de la difficulté à marcher. On lit dans les manuscrits :

« La pauvre enfant entra dans une inquiétude mortelle, redoutant qu'on découvrît dans la communauté la nouvelle faveur dont elle était l'objet. Elle supplia Jésus de la lui retirer ou de la rendre, au moins, tout intérieure. Durant plusieurs mois, elle ne put l'obtenir.

« Chaque mercredi, le sang commençait à couler de ces plaies pour ne s'arrêter que le vendredi soir. Les premières fois, d'une manière tellement abondante que sa chaussure en fut toute remplie.» Au mois de novembre, Jésus, cédant enfin aux instances de son épouse, ne laissa plus subsister de ces plaies qu'une petite ouverture suintant légèrement le vendredi.

En mai de l'année suivante, les stigmates recommencèrent à répandre, trois fois la semaine, du sang en abondance. Mais, par de nouvelles et plus vives supplications, sœur Marie-Marthe obtint du Sauveur, en août 1875, qu'il changeât cette souffrance en une autre moins apparente.

Les plaies se fermèrent et les cicatrices elles-mêmes disparurent. Le sang reflua violemment à la tête et la religieuse endura des maux très aigus. Ces douleurs physiques, toutefois, ne furent rien auprès des tortures morales qu'elle eut à subir, et elle expérimenta la vérité de la parole que lui dit un jour sainte Marguerite-Marie : « Avoir Jésus crucifié dans le cœur est une grâce plus grande encore que les stigmates ; elle est plus cachée. »

L'eucharistie comme seul aliment

En cette même période des stigmates, le divin Maître voulut éprouver davantage l'âme de son épouse.

Comme pour lui montrer qu'il devait lui suffire en tout, il voulut, pendant plus de quatre ans, qu'elle n'eût d'autre aliment que l'eucharistie. Il lui disait :

« Ma fille, si tu ne gravissais chaque jour le Calvaire malgré la souffrance et si tu ne venais me recevoir chaque matin, tu n'aurais pas la force de travailler. La sainte communion est la vie !... C'est le moyen que j'emploie pour te rendre capable de servir la communauté. Sans cette grâce de la communion journalière, tu aurais passé la vie dans un lit. »

« La sainte communion et la souffrance : voilà ta nourriture, voilà les deux repas. »

La privilégiée de Jésus-Hostie ne trouvait qu'en lui son soutien et sa consolation. Elle soupirait d'attente d'une communion à l'autre, et l'on sentait, lorsqu'elle s'approchait de la sainte table, qu'elle courait aux sources de la vie. Son visage revêtait alors un air de joie calme et recueillie, tout à fait remarquable pour celles de ses compagnes qui pouvaient l'entrevoir.

Le Sauveur lui avait même enseigné la manière de bien faire son action de grâces comme il lui avait appris à faire sa préparation.

« Ma fille, donne-moi ton cœur pour me remercier de la sainte communion et je t'accorderai de nouvelles grâces.

« Je suis en ton cœur ; ne fais rien d'autre que me regarder, et moi, je te regarderai, et toute la journée nous serons ensemble. Voilà ton action de grâces ! »

Après la réception de l'eucharistie, sœur Marie-Marthe sentait son cœur uni et lié si étroitement avec celui de Jésus qu'elle ne pouvait exprimer la force de cette union.

Un matin de novembre, obligée, pour un travail de nécessité absolue, de sortir du chœur, elle n'osait le faire avant la fin de l'action de grâces réglementaire. Le Maître la rassura aussitôt : « *Va, mon enfant, je ne veux et ne regarde que le cœur. Tu peux faire ton action de grâces n'importe où. L'amour de mon Cœur, avec le tien, est constant.* »

On comprend que cet amour ardent lui rendait très pénible le moindre retard, et surtout la moindre privation de la communion.

Et pourtant, après la mort du chanoine Bouvier, le nouveau confesseur de la communauté voulut, durant une retraite, ne faire aucune exception, et lui imposa, comme c'était alors l'habitude, de se priver de l'eucharistie durant quelques jours.

Marie-Marthe se soumit sans murmurer, mais sa douleur fut telle qu'on la vit défaillir en sortant du confessionnal. Initiée aux sentiments d'ineffable tendresse de son divin Maître, elle se plaisait à dire : « Le temps semble long à Notre-Seigneur la veille des communions, tant il désire entrer en nos cœurs. »

Ce ne fut toutefois que progressivement que Notre-Seigneur l'amena à cet état extraordinaire. On pourrait suivre sœur Marie-Marthe presque jour par jour à travers les mois de préparation, mais les dernières notes relevées dans les manuscrits sont suffisantes pour remémorer ce nouveau sacrifice :

« Le 25 janvier 1869, elle ne prit rien, pas même une goutte d'eau. Le 26 et le 27, dévorée de soif, elle se désaltéra d'un peu d'eau fraîche. Le 28, dans l'après-midi, nous lui portâmes une petite tasse d'eau sucrée qui lui causa immédiatement de grandes douleurs d'estomac.

« Les jours suivants, elle ne prit que de l'eau, à l'exception d'un jour où elle obtint de Notre-Seigneur la permission d'aller au réfectoire pour tranquilliser le prochain qui s'inquiétait à son sujet.

« Le mardi gras, 9 février 1869, elle vint avec tout le monde dans la salle de communauté prendre part à la récréation et but une tasse de café au lait... Elle ne prit plus rien ensuite jusqu'au premier dimanche de carême, où elle déjeuna d'un bouillon qui lui fit mal.

« Nous ne pouvions nous empêcher, au début de ce carême, de lui porter, par compassion, une ou deux fois la semaine, deux doigts de vin sucré ou quelque autre réconfortant; mais il fallut y renoncer. La chère enfant dut se contenter, un jour par-ci par-là, de quelques gouttes d'eau fraîche. Bientôt, même ce léger soulagement lui fut retiré. »

Dès lors, et cela devait durer quatre ans et demi, la communion devint son unique nourriture. Or, « notre petite sœur, écrit la supérieure, jouit d'une robuste santé. Elle se porte même mieux que lorsqu'elle prenait ses repas comme tout le monde. Elle lave, elle frotte les planchers, c'est merveille!... Elle assure toute joyeuse : ‹Je ne sens point de faiblesse; j'ai fait mon travail aujourd'hui avec une telle facilité!... j'ai bien plus de force qu'à l'ordinaire.› » Et malgré le pénible labeur de la journée, on la voit sacrifier encore son sommeil dans le silence des nuits aux pieds de Jésus-Hostie.

Pourtant, sœur Marie-Marthe sent parfois ses forces défaillir : « Voyez, mon Jésus, je n'ai pas plus de force que cette poussière. »

À l'humilité d'une telle prière, Jésus ne sait résister ; il ouvre son Cœur sacré tout rayonnant de lumière : « *Voilà ta force... Viens me recevoir. Je serai comme une huile qui se répandra dans tes membres pour te fortifier.* »

Quelquefois sœur Marie-Marthe éprouve « le martyre de la faim ». Son Maître juge bon, dans ses desseins mystérieux, de lui laisser endurer ces tortures dévorantes, mais en lui indiquant la source des secours efficaces : « *Quand tu as faim, prie en appuyant les lèvres sur mon Cœur.* »

Cependant, c'était une peine très grande pour la sœur de se sentir en dehors de la voie commune. Elle confia un jour son tourment à saint François de Sales : « Mon père, ne permettez pas que je me perde en faisant autre chose que ce que vous avez marqué. » Le saint fondateur la rassura aussitôt : « Ma fille, suis bien le chemin que Jésus t'a tracé : c'est ta règle. »

Mais elle continua ses plaintes en s'adressant cette fois à Notre-Seigneur : « Mon Dieu, je souffre tant de ne pas aller au réfectoire avec les autres. – *Sache, ma fille*, répondit alors le Sauveur, *que j'ai mon temps pour donner mes grâces. Lorsque tu allais au réfectoire, je te les donnais par l'accomplissement de ta règle ; maintenant, c'est d'une autre manière. Dans une communauté, il faut suivre son chemin sans regarder celui des autres.* »

Au cours de ce jeûne extrême, sœur Marie-Marthe développa, à l'exemple de saint Jean-Marie Vianney, un attrait pour la présence de Jésus au tabernacle.

Le saint curé d'Ars disait, en effet : « Si nous aimions Notre-Seigneur, nous aurions toujours présent à l'esprit le tabernacle doré, cette maison du bon Dieu. Lorsque nous sommes en route et que nous apercevons un clocher, cette vue doit nous faire battre le cœur... nous ne devrions pas pouvoir en détacher nos regards. »

Un jour, lui apparaissant en croix et lui montrant le sang de ses divines blessures : « *Tout le monde passe, et personne ne regarde ce sang !... De même, en mon sacrement d'amour, on pense un instant à moi, puis l'on m'oublie !...*

« *Ma fille, je suis là aussi bien qu'au ciel... Je me tiens au tabernacle pour votre amour, et si peu d'âmes viennent me visiter !...* »

C'est ainsi que, durant plus de quatre ans, sœur Marie-Marthe vécut de cette manière vraiment miraculeuse.

Le zèle apostolique

La « mission » de sœur Marie-Marthe était essentiellement de faire valoir les mérites des saintes Plaies de Notre-Seigneur Jésus-Christ pour les besoins de l'Église militante, de l'Église souffrante et, en particulier, de la communauté.

L'idée de travailler à répandre à travers le monde entier une dévotion envers les divines Plaies ne regardait que l'avenir et ne pouvait se réaliser pendant la vie de la privilégiée de Dieu. Les appels si touchants de Jésus, ses promesses miséricordieuses ne devaient être connus qu'après sa mort. « *Ton chemin*, lui dit Notre-Seigneur aux temps de sa jeunesse religieuse, *c'est de me faire connaître et aimer, surtout dans l'avenir... Un jour, je découvrirai toutes ces choses, et l'on verra clairement les grâces que je te fais à toi, si petite.*

« *Il faudra longtemps pour établir cette dévotion,* avait-il ajouté ; *il faut y travailler avec courage.* »

Par son offrande journalière, cette grande promesse qu'elle avait solennellement formulée un jour, toute la vie de sœur Marie-Marthe se vit transformée en un zèle apostolique constant. Dévouée à la cause de Dieu, ce fut d'abord pour l'Église, pour ses pasteurs et ses fidèles qu'elle pria au nom des saintes Plaies.

Notre-Seigneur renouvela souvent à sa servante la promesse du triomphe de l'Église par le pouvoir de ses Plaies et de la Vierge Marie :

« *Ma fille, il faut bien faire ta charge, qui est d'offrir mes divines Plaies à mon Père éternel, parce que de là doit venir le triomphe de mon Église, lequel passera par les mains de ma mère immaculée.* »

Mais, dès le départ, le Maître prévint toute illusion et toute équivoque. Il ne saurait être question du triomphe matériel, visible et universel dont rêvent certaines personnes ! « *On ne comprend pas ce qu'on demande en demandant son triomphe...,* dit Jésus à sa privilégiée. *Mon Église n'aura jamais de triomphe visible.* »

Mais le ciel se laisse particulièrement fléchir quand on l'invoque au nom des Plaies rédemptrices pour le salut du monde. Jésus insiste fréquemment sur ce point : « *Il faut que tu puises sans cesse dans ces sources pour le triomphe de mon Église.* »

Une même protection par les saintes Plaies couvrait le souverain pontife. De 1867 à la mort de Pie IX, mais notamment pendant le concile du Vatican, on est étonné de voir à quel point la vie de sœur Marie-Marthe fut associée à celle de l'Église.

Elle suivait à distance, pour ainsi dire, les grands événements dont Rome subissait alors le contrecoup. Elle partageait les angoisses du saint-père et multipliait, à la demande de Notre-Seigneur, pénitences et prières. Un jour, elle demanda instamment à Jésus de protéger le pape. Le Sauveur lui fit alors voir que la grâce surabondait sur le pape Pie IX et que les prières faites par la communauté y contribuaient grandement : *« De mes Plaies sort pour lui une grâce spéciale »*, lui dit-il. Elle apprit également que *« sa sainteté se maintiendrait sur le Saint-Siège, mais dans la tribulation »*.

Un autre jour, alors qu'elle priait pour l'Église et la conversion de ses ennemis, Jésus lui dit : *« Combien cette prière m'est agréable !... Tous ceux qui sont véritablement à moi demandent la conversion des ennemis de mon Église. »*

Sœur Marie-Marthe priait également pour les évêques et tous les prêtres, qui bénéficiaient ainsi de cet apostolat que Jésus avait demandé à son épouse. Il l'éclaira vivement sur le sacerdoce du prêtre, sur la grandeur de son ministère, sur les dangers et les difficultés qui l'attendent, sur la nécessité d'une perfection plus grande et, dès lors, de secours plus puissants : *« Les prêtres et les religieux ont reçu de Dieu un grand honneur par leur vocation. Ils doivent en rendre gloire à Dieu en se sanctifiant et en aidant à la sanctification des autres.*

« Celui qui enseigne aux autres, s'il ne pratique pas ce qu'il enseigne, est bien plus coupable et souffre bien davantage en purgatoire. »

Les âmes des vivants

Notre-Seigneur avait enseigné à sœur Marie-Marthe que *« le vrai triomphe de l'Église est dans les âmes ».*

« Viens, viens ‹ chercher › des âmes avec moi !... Nous irons ensemble partout !... »

À maintes reprises, il sembla à sœur Marie-Marthe que, introduite dans le Cœur brûlant de Jésus, il l'emportait à travers toutes les régions du globe à la recherche des âmes.

C'est à ce travail que la chère missionnaire passait une partie de ses nuits, heureuse lorsque riche était la « moisson ». Par les saintes Plaies de son bon Maître, elle moissonnait des âmes comme elle aurait récolté des fruits en abondance.

« La grande misère du siècle, confiait Notre-Seigneur à son élue, *c'est qu'il y a trop peu d'âmes qui se sauvent !... Vous devez sans cesse prier pour les pécheurs.*

« C'est principalement aux religieuses de convertir les pécheurs par leurs prières, leurs immolations et la pratique de leur règle. »

Le Sauveur se faisait de plus en plus pressant à présenter ses Plaies comme une source de grâce pour les pécheurs. Faisant voir à sa religieuse la multitude des pécheurs à travers le monde, il disait encore : *« Je te les montre afin que tu ne perdes point de temps. Il faut les rapprocher de moi. Je serai au milieu d'eux comme un bon Pasteur, pour les convertir.*»

En faveur des mourants, le zèle de la sœur semblait se surpasser.

On trouve dans les manuscrits le détail de certaines nuits passées à accompagner des âmes que Jésus lui montrait comme près d'entrer dans leur éternité : «*Tu es chargée de toutes ces âmes; il faut leur obtenir une bonne mort.*»

«*Lorsqu'on pare mes autels,* disait à d'autres moments Notre-Seigneur, *on me fait un grand plaisir. Mais lorsqu'on gagne des âmes pour le paradis, ma consolation est incomparablement plus grande.*

«*Il faut offrir souvent les mérites de mes saintes Plaies pour les personnes qui meurent dans la nuit ou dans le courant de la journée.*»

Les âmes du purgatoire

Soulager ces âmes, tel était le désir de Jésus. Il convia sœur Marie-Marthe à le prier en disant : «*Une pauvre créature comme toi, lorsqu'elle est unie à moi, peut tout!... Elle ‹ remue › le purgatoire et elle remplit le ciel!...*» Il lui assigna même une place pour sa mission de suppliante :

«*Tu n'es pas de cette terre : ta vie doit être suspendue entre le ciel et le purgatoire... Tu dois te regarder comme étant à la porte du purgatoire pour en faire sortir les âmes... à la porte du ciel pour prendre les âmes et les y faire entrer.*»

Il multiplia ses appels et ses encouragements : *« Je donne mes richesses aux humbles et aux petits afin qu'elles me soient rendues par la délivrance des âmes du purgatoire.*

« On voit les pécheurs et l'on songe davantage à prier pour eux. Quant aux âmes du purgatoire, ne les voyant pas, souvent le monde les oublie. Il y a peu d'âmes qui n'aillent pas en purgatoire ; je veux que vous priiez beaucoup. »

Pour remplir son travail d'avocate des âmes, sœur Marie-Marthe utilisait la prière que lui avait conseillée Jésus, celle qui fait directement appel aux mérites de sa Passion :

« Ma fille, regarde mes Plaies. Offre-les pour les âmes du purgatoire. Les souffrances de ma sainte Passion, voilà le grand remède pour ces pauvres âmes ; mais il faut leur en appliquer les mérites. »

Elle se servait également d'un autre moyen : l'offrande de ses actions en union avec les saintes Plaies. Un jour, éprouvant un besoin irrésistible de se retirer en son cœur, elle aperçut comme une chaîne reliant la terre au purgatoire et le purgatoire au ciel. Et le Sauveur lui-même lui disait : *« Je veux que tous vos cœurs ne fassent qu'un avec le ciel et le purgatoire. »*

Autres dévotions préférées

La communauté et le pensionnat

La servante de Jésus pourra apparaître passablement austère aux yeux de certains dans sa « mission » de prière et de réparation, sa « tâche » comme elle aimait la nommer à certains moments. Mais il n'en est rien.

Il est vrai qu'elle partagea la vie humiliée, souffrante, pénitente et rédemptrice de Jésus-Crucifié, mais il est tout aussi vrai qu'elle mena en même temps une vie d'enfance, simple et joyeuse, en compagnie de ce même Jésus. « Sa confiance est simple et tout enfantine », écrit sa supérieure.

Ainsi, elle professa envers Dieu le Père un véritable culte de tendresse, un abandon, une confiance toute d'enfant. « Je sens, disait-elle, une si grande paternité et bonté en ce Dieu Créateur, une si grande compassion pour la misère des pauvres créatures humaines, ses enfants ! »

La supérieure révèle de son côté : « La naïveté de cette chère âme avec son bon Maître et le Père éternel est incroyable, et, par ce moyen, elle est instruite, consolée et dirigée. » « Elle va à Notre-Seigneur comme un tout petit enfant au meilleur des Pères.» «*Tu es comme l'enfant gâtée et bien-aimée du Père*», dira un jour Jésus à sa servante.

La spiritualité de sœur Marie-Marthe est ainsi toute colorée par une exquise intimité avec Dieu, la Vierge Marie, les saints et, tout particulièrement, avec Jésus-Enfant qu'elle appelle simplement «son cher petit Jésus». Et maintes fois, à bout de forces, ou limitée par le temps, elle implorera son secours.

Un jour qu'elle était souffrante et encore à jeun vers une heure de l'après-midi, elle se demandait si elle devait chercher une auxiliaire pour son ouvrage, très en retard: «Bon Maître, vous voyez où j'en suis, que faut-il faire?...» Aussitôt, un radieux enfant de six ou sept ans se présenta à elle: «*Si tu le veux, je viendrai à ton aide!*... – Oh! oui, bon Maître, je compte sur vous!... – *Je suis ami de la paix*, reprit l'Enfant-Dieu, *et ennemi du trouble... Je veux que tu te tiennes auprès de moi.*»

Avec Jésus, et sous son regard, tout fut bientôt achevé: table desservie, vaisselle, balayage du chœur et du réfectoire, préparation du goûter des élèves... À deux heures, sœur Marie-Marthe, comblée d'une joie céleste, était libre pour la lecture.

Parfois, avec une simplicité incroyable, Jésus-Enfant offrait lui-même ses services: «*Commande-moi, et je ferai ce que tu voudras.* – Eh bien! mon bon Maître, aidez-moi à faire mon réfectoire...» Et sœur Marie-Marthe voyait l'Enfant divin devant elle, faisant le nettoyage et préparant les tables.

«*Je veux que tu continues à tout faire pour moi*, lui disait-il. *Ne demande personne pour t'aider dans ton emploi, alors je me ferai moi-même ton aide.* » Et celui qui a pour serviteurs les anges se mettait à l'évier !...

« Toujours naïve, elle croit que si quelque sœur venait à ce moment, elle verrait l'Enfant-Jésus lavant les assiettes et elle les rinçant... alors, elle ferme bien la porte, afin que personne ne se doute de ce qui se passe en ce lieu béni », lit-on dans les manuscrits.

Le temps des récoltes était l'occasion d'autres moments privilégiés pour sœur Marie-Marthe. Le travail lui-même devenait à la fois acte de création et prière.

La laborieuse sœur était naturellement ravie de se retrouver au milieu des plants de fraises ou au pied des figuiers, des pruniers et des vignes. Pour cette âme sainte, toutes les choses créées étaient comme autant d'échelons par lesquels elle s'élevait vers Dieu, autant de foyers d'amour pour Dieu.

Par ailleurs, la pluie et le beau temps jouaient un rôle très important dans la vie de sœur Marie-Marthe puisqu'elle était chargée des produits de la terre.

Barrès, dans ses *Cahiers*, note à un endroit, se souvenant des champs de culture qu'il avait observés du haut d'une colline: « Des tapis longs, des tapis de prières. » Sœur Marie-Marthe veillait à sa manière à ses tapis, ses précieux tapis de prières, confiant à Dieu tous les arbres fruitiers et tous les légumes docilement alignés en rangs dans le potager. Elle s'entretenait continuellement et tout haut avec son Bien-Aimé. Avant d'aller au jardin, elle disait avec sa simplicité coutumière: « Mon petit Jésus, venez avec moi travailler, puisque je ne puis pas rester au chœur avec vous... » Parfois, tôt le matin, « son cher petit Jésus » l'avertissait lui-même : « *Il est l'heure, hâte-toi !...* » Et elle se hâtait, portant au jardin deux immenses corbeilles. Jésus l'avait accompagnée... Elle le voyait, ramassant les fruits avec elle ! À eux deux, la besogne était bientôt faite et les paniers pleins de belles prunes !... Mais ils étaient lourds et sœur Marie-Marthe ne pouvait les soulever : « Bon Maître, je ne puis pas porter ces gros paniers toute seule... mais si vous m'aidez, cela ira bien. » Son petit aide ne la laissait pas dans l'embarras et tous deux revenaient au monastère, partageant le fardeau.

La même familiarité avait cours en ce qui touche les choses de l'âme.

C'est ainsi que certaines retraites annuelles furent spécialement ensoleillées par la compagnie de Jésus-Enfant.

« *Pour faire ton examen*, disait en 1878 le céleste Directeur, *il faut considérer ce qui, dans la conduite, n'a pas été conforme à moi.* »

L'heureuse sœur voyait avec ravissement le Cœur de l'Emmanuel. « *Pour croire à toutes ces choses*, ajoutait le Maître, *il faut avoir la simplicité de l'enfant, qui croit tout ce qu'on lui dit sans raisonner avec la sagesse humaine. Un enfant se tient confiant auprès de son père et de sa mère parce qu'il sait qu'on l'aime bien et qu'on lui pardonne tout !... Je te demande de ne pas perdre le temps de la retraite à chercher tes fautes, mais de l'employer à me contempler.* »

Et au dernier jour de la solitude de 1885, où la présence de Jésus s'était faite plus tendre encore : « *Si tu ne me quittes pas*, assurait le divin Enfant, *je ne te quitterai jamais.* »

«Le cœur de cette heureuse fille ne peut penser qu'à son Jésus», écrit la supérieure. «La vue du divin Enfant, travaillant avec elle et la suivant pas à pas, ne la quitte presque jamais. Elle nous dit avec simplicité: ‹Ma mère, je suis aussi près de lui que je suis près de vous.›»

Quant aux jours de grande fête, ils étaient ordinairement marqués de quelques faveurs spéciales de la part de Jésus-Enfant. Un jour de Noël, elle eut la vision de toute la cour angélique et des bienheureux entourant la crèche: *«Ma fille, pour jouir de moi, il faut que tu sois comme ceux que tu vois là... c'est-à-dire que la terre ne te soit plus rien, mais que ton cœur et ta pensée soient toujours avec moi.»*

Une autre nuit d'un vingt-cinq décembre, ce fut la Vierge Marie qui apporta Jésus à l'enfant de ses prédilections: *«Ma fille, je te le donne; mais il faut être petit enfant comme lui... Les petits enfants veulent être avec les petits enfants.»*

Sœur Marie-Marthe avait aussi une dévotion profonde et toute filiale envers la Vierge Marie.

En parcourant les manuscrits qui relatent les faveurs accordées à la religieuse, on est, en effet, extrêmement touché de voir apparaître à chaque page, près de celui de Jésus, le visage de la Vierge Marie.

La Vierge Marie lui apparut un jour. C'était le 3 mai 1871. Elle était penchée alors vers la terre pour regarder ses filles et paraissait tout occupée par ces dernières, sans prendre garde à la splendeur qui l'environnait. Elle tendait la main à sœur Marie-Marthe comme pour l'attirer à elle.

Un autre jour, elle lui dit: «Lors même qu'il te semble être bien éloignée de moi, tu en es cependant toujours bien près. Rappelle-toi que je suis ta mère; viens à moi avec une grande confiance et tu seras exaucée.»

Et sœur Marie-Marthe n'éprouvait ni hésitation ni crainte à recourir à elle. «Quand nous lui avions confié quelque intention particulière, écrit sa supérieure, et qu'elle voyait Notre-Seigneur insensible à sa prière, elle s'adressait au Père éternel, mais plus souvent encore, avec une extrême confiance, à notre mère immaculée, qui lui obtenait l'objet de sa demande.»

L'objet de la demande n'était pas toujours d'ordre surnaturel ni d'une extrême importance. C'était parfois tout simplement le beau temps. Ainsi, à une certaine époque, on avait sollicité en vain cette grâce de Notre-Seigneur. Sœur Marie-Marthe, se tournant alors vers la médiatrice, lui dit: «Bonne mère, vous voyez, je ne puis rien obtenir; s'il vous plaît, demandez-le pour nous.»

«Le jour même, rapporte la rédactrice, vers midi, nous eûmes un très beau temps.»

Au cours de ses entretiens avec sœur Marie-Marthe, la Vierge Marie lui recommandait la pureté d'intention: «Heureuses sont les personnes qui vont droit à Dieu avec pureté d'intention, qui n'aspirent qu'à Dieu, qui font tout pour Dieu. Elles mènent sur la terre la vie des anges au ciel!»

Elle la maintenait dans la confiance et l'abandon. Sœur Marie-Marthe souffrant, à un moment, d'une

Vierge dorée en bois sculpté, vénéré à « la Chapelle ».

peine intérieure, elle la consola, l'encouragea et l'instruisit :

« Mon enfant, ne crains rien, je serai la caution.
– Ma bonne mère, je suis inquiète de l'état où je me
trouve. – Ma fille, tu n'as pas à t'inquiéter de ta perfection, tu n'as qu'à exécuter ce que mon Fils désire sans
le considérer toi-même... Laisse-lui le soin de ta perfection et tu auras tout ce qui est nécessaire.

« Ne faites pas comme les esclaves : ils sont toujours dans la crainte. Pour vous, il ne faut rien
craindre, mais beaucoup aimer. Vous êtes des enfants
que leur Père aime bien. »

Mais la Vierge Marie ne voulait pas laisser oublier
que Jésus est mort crucifié et qu'il est mort pour les
humains. Elle confia à la privilégiée de Dieu le grand
désir de son propre cœur : « J'ai faim des âmes ! Si tu
savais combien, avec Jésus, je désire leur salut ! »

Or, le salut des âmes ne s'opère que par les mérites
de la Passion de Jésus-Christ. C'était, de la part de sa
mère, un rappel à la « mission » confiée à la religieuse :

« Priez beaucoup pour les pécheurs, afin qu'ils reçoivent les fruits de la Rédemption. Mon cœur de mère
en sera soulagé et consolé.

« C'est dans vos cœurs que Jésus trouve une réparation par l'offrande des saintes Plaies.

« Si vous voulez me faire plaisir, il faut vous tenir
au pied de la croix de mon Fils, et offrir avec humilité
ses mérites au Père éternel, afin que soient pardonnés
les péchés des hommes. »

Le don suprême de la Vierge Marie, comme celui de Jésus, en attendant le ciel, c'est, après la crèche et la croix, la sainte eucharistie :

« Ma fille, je te l'ai donné au beau jour de ta première communion, et, depuis, à toutes les communions, tu vois ce cher petit Enfant... mais au jour de ta mort, je te le donnerai pour l'éternité. »

C'est ainsi que, sentant son cœur bien vide et bien pauvre, sœur Marie-Marthe, avant de s'approcher de la sainte table, se tournait volontiers vers sa bonne mère : « Je me fais pauvre en venant à toi, ma fille, lui avait dit un jour Marie ; ensemble, nous irons ainsi, pauvres, recevoir mon Fils ; et, n'ayant rien, nous aurons tout. »

Une autre fois, le 27 mai 1880, c'est au chœur, pour l'heure d'adoration, que la Vierge Marie l'accompagna : « Ma fille, il faut venir sans ton corps. » À peine à genoux devant le saint sacrement, sœur Marie-Marthe demeura immobile, les yeux fermés, les mains jointes, avec l'expression d'une âme qui goûte Dieu pleinement.

Durant ces moments délicieux, son éducatrice ne lui avait pas fait faire autre chose que d'offrir les mérites du Sauveur, unis à ceux de sa mère, et de répéter constamment à Notre-Seigneur, pour elle et pour le monde entier : « Mon Jésus, pardon, merci ! »

Sœur Marie-Marthe aimait également saint Joseph. Elle recourait à lui avec une confiance filiale, suivant l'invitation du Sauveur lui-même : « *Il faut que vous appeliez saint Joseph votre père, car je lui ai donné le titre et la bonté d'un père.* »

Le «bon saint Joseph», comme elle le nommait parfois, c'est *dans* la sainte Famille, *avec* la sainte Famille qu'elle se plaisait surtout à le vénérer, à le prier. *Jésus, Marie, Joseph* : c'est ainsi qu'elle aimait rapprocher ces trois noms bénis. Elle aimait contempler Marie et Joseph auprès de Jésus! Une de ses invocations préférées était la suivante : «Jésus, Marie, Joseph, je vous donne mon cœur, mon esprit et ma vie...» Et saint Joseph lui disait : «Cette prière me donne une grande gloire et une grande joie. Elle renouvelle tout le bonheur que j'ai eu d'être le père nourricier de Jésus et le chef de la sainte Famille.»

Sœur Marie-Marthe fut également attirée par le mystère de la sainte Trinité.

Jésus-Christ lui avait dit, un jour : «*Lorsque vous faites le signe de la croix, faites-le avec attention et gravité, parce qu'à ce moment la très sainte Trinité se communique à vous.*» À partir de ce moment, sœur Marie-Marthe prit l'habitude de terminer chacun de ses travaux par trois signes de croix, pour glorifier la Trinité sainte et compenser les lacunes causées par la routine.

On se rappellera, par ailleurs, que les trois Personnes divines se manifestèrent à elle au cours des trois grandes journées des 26, 27 et 28 septembre 1867, alors que Dieu lui dévoila sa «mission» et lui traça une ligne de conduite pour la vie entière. Ce fut la première manifestation. Il y en eut plusieurs autres.

Une veille de Toussaint, Notre-Seigneur lui présenta la Trinité, «dont les bienheureux célèbrent la fête avant la leur en contemplant la grandeur et la majesté des trois Personnes divines». Celles-ci, s'adressant à l'enfant de la terre, lui disaient : «Cette fête est pleine; elle ne peut augmenter ni diminuer... Elle est sans fin... Quant à vous, vous devez préparer celle de demain en délivrant les âmes du purgatoire et en payant ce qui leur reste à devoir avec les mérites de Jésus-Christ. Ceci est un grand travail, mais il est tout de joie.»

On trouve dans les textes cette autre occasion. Un jour, «où Notre-Seigneur avait bien voulu préparer lui-même la confession de sa servante, qui en était angoissée, notre enfant reçut de nouveau la visite des trois Personnes de la sainte Trinité. Ce fut rapide comme un éclair. Le Père lui dit : ‹Je te bénis et te reçois pour mon enfant.› Le Fils lui dit : ‹Je te donne tout le fruit de ma rédemption et, de plus, je me donne moi-même à toi : ma rédemption est pour les âmes que je te confie, et moi, je suis pour toi!... Je suis ton bien propre.› Et le Saint-Esprit lui dit à son tour : ‹Je viens pour te sanctifier et te resanctifier.› À ce moment, elle sentit au fond de son âme une si extrême douleur de ses péchés que les larmes coulèrent en abondance.»

C'était une seconde création à laquelle Dieu faisait assister l'âme de sa religieuse et dont il lui faisait goûter l'ineffable douceur. C'était l'esprit de componction.

La componction est une mystérieuse refonte de l'âme dans l'innocence et la pureté, un regret surnaturel que ressent l'âme d'avoir attristé son Créateur. Elle est essentiellement une œuvre divine. C'est Jésus vivant au fond de l'âme, la purifiant et mettant sur ses lèvres des actes de regret. Lorsqu'une personne a compris cela, elle se dilate, se détend et, souvent, pleure doucement. Ses fautes ne l'effraient plus et elle ira à nouveau à Jésus en toute simplicité, le priant de tout réparer, de la purifier, et de suppléer à toutes ses insuffisances.

La communauté

La «communauté» est, dans l'immense famille de l'institut, une petite famille grandement aimée. C'est là que chaque religieuse a été accueillie, adoptée, formée; là qu'elle a grandi, à l'école des saints fondateurs, dans la connaissance et l'amour de Jésus-Époux. C'est là que se sont noués des liens très étroits de charité qui survivent à la mort. L'amour de la communauté revêt une nuance de particulière tendresse, mêlée de reconnaissance et de vénération.

Il y avait tout cela dans l'affection de sœur Marie-Marthe pour sa communauté de Chambéry, car ce qu'elle était pour le monde entier – orante et victime –, elle l'était tout d'abord pour sa communauté.

«*Vois-tu, ma fille*», lui avait dit Notre-Seigneur à diverses reprises en 1866 et 1867, «*tu es chargée du troupeau tout comme moi... Tu dois acquitter chaque jour la dette de chaque âme de cette communauté envers ma justice... Je te rends responsable des défauts de ton prochain... Tu seras la victime pour expier chaque jour les péchés de toutes.*»

Des avis analogues lui furent donnés au cours de ces mêmes années par l'ancienne mère Marie-Pauline Deglapigny qui, le 30 juillet 1873, venait encore compléter et préciser les messages antérieurs.

«Quand une mère a vu ce que la justice de Dieu exige des religieuses pour tant de petites fautes qui échappent facilement, elle désire ardemment les voir arriver au moment de la mort libérées de toutes dettes. J'ai demandé à Dieu cette grâce pour vous : afin qu'aucune ne quitte cette vie sans avoir soldé ce qu'elle doit à la divine justice, que l'une de cette communauté se charge de suppléer à ce qui lui manque, et c'est toi qui as été choisie : c'est pourquoi, lorsque quelqu'une devra mourir, tu souffriras beaucoup. Il ne faut pas l'oublier. »

On note, par ailleurs, que les avis de saint François de Sales à sa jeune disciple revêtaient parfois une portée générale. À travers l'heureuse privilégiée, ils atteignaient toutes les Visitandines. Elle se sentait alors membre très chétif d'une immense famille à laquelle le Père adressait vraiment le « mot d'ordre » du fondateur.

« Mes filles, il faut parcourir votre domaine, qui est la sainte règle, disait saint François à sœur Marie-Marthe. J'ai eu beaucoup de peine à dresser vos saints écrits, descendant jusqu'aux plus petits détails ; c'est aujourd'hui ma plus grande gloire.

« La première de vos observances, c'est d'étudier Jésus non seulement dans la prière, mais en tout et partout : au temps du travail comme en vos instants de liberté.

« La tâche de la Visitandine sur la terre, c'est la vie de Notre-Seigneur à Nazareth. Vie de simplicité de l'enfance de Jésus. Il faut que vos actions soient ordinaires aux yeux du monde, mais extraordinaires pour le ciel par l'amour.

« J'ai laissé à mon ordre une abondante nourriture ; c'est à la fidélité de chacune de s'en nourrir.

« Bienheureuses seront celles qui se feront violence pour bien observer la règle : elles seront ma couronne de gloire ! Mon manteau d'honneur, c'est la douceur et l'humilité : à ces marques je reconnais mes vraies filles. »

Notre-Seigneur lui-même lui rappelait sans cesse et de multiples façons les enseignements du saint fondateur. À l'école du divin Maître, sœur Marie-Marthe comprenait mieux sa mission personnelle, qui était de prier et de souffrir pour toutes, et aussi d'aider les âmes lointaines dont la vocation était le bercail salésien. *« Je te les confie*, disait le souverain Pasteur, *tu les pousseras vers moi comme si tu en étais la bergère. Ces brebis, ce sont des âmes que je me suis choisies. Pour les tirer à moi, il faut que ton cœur demeure bien serré contre le mien. »*

Elle comprenait mieux également la nécessité pour toute religieuse d'un esprit très surnaturel et d'une parfaite fidélité à la règle :

« Votre vie n'est pas de ce monde, lui enseignait Jésus, *c'est la vie du ciel en terre. Puisque vous n'êtes pas de ce monde, il ne faut pas faire les choses de ce monde.*

« Mes épouses sont comme mes saints. Mes épouses doivent être au ciel par le cœur tandis qu'elles travaillent pour moi sur la terre.

« Votre chemin à vous, ce sont vos règles et vos constitutions. C'est un chemin sûr qui vous conduira tout droit à la Visitation du ciel. »

Elle comprenait mieux l'esprit même de la Visitation :

« Ma fille, demande à mon Père pour toutes les Visitandines l'union à Jésus dans la vie cachée. »

Le 2 juillet 1870, toute la Visitation du ciel fut présentée à l'humble religieuse comme une armée nombreuse et triomphante. Toutes ces âmes bénies se tenaient devant Jésus-Christ, contemplant ses Plaies glorieuses : *«Elles sont bien près de moi, dit Jésus, parce qu'elles ont été bien cachées sur la terre.»*

Sœur Marie-Marthe se considérait donc comme chargée, dans la communauté et pour la communauté, d'une mission de prière et d'expiation.

Le 8 octobre 1868, sœur Marie-Marthe fut désignée pour remplacer la sœur jardinière, qui faisait alors sa retraite annuelle : *«Ma fille,* lui dit alors le divin Maître, *aujourd'hui, je me ferai jardinier avec toi.»*

Un peu plus tard, tandis qu'elle travaillait, Jésus parut tout à coup devant elle, comme il se montrait aux siens après la résurrection. Découvrant la Plaie glorieuse de son Cœur sacré, et tendant les bras à son humble servante, il lui dit avec une grande tendresse : *«Donne-moi ton cœur!»* Comme elle le lui offrait, empressée, elle sentit qu'il l'acceptait et que, plein d'amour, il le prenait dans le sien : *«Maintenant, la communauté m'a tout entier!... Cette union n'est pas seulement pour toi; mais pour tous les membres de la communauté.»*

À un autre moment, Jésus la conduisit en esprit à travers le monastère, promettant sa bénédiction à chaque emploi : *«Tu diras à tes mères qu'elles ne craignent rien, je les aime trop.»* À plusieurs reprises, il revint sur ces mêmes promesses :

«Dans vos besoins, il faut prier et je vous donnerai... Il faut vivre de reconnaissance et d'abandon... Il ne faut vous

soucier de rien, sinon de m'aimer et de me remercier, alors je prendrai soin de tout.»

Ou encore: «*Repasse en ton esprit toutes les sœurs de la communauté et demande-moi des grâces pour chacune... Ta communauté ne connaît pas le trésor qu'elle possède. Je te le dis: tant qu'elle aura son trésor, elle n'a rien à craindre!...»*

«*Ma fille, c'est moi en toi qui suis le trésor*», ajouta Jésus, et il lui fut montré clairement que tout était renfermé dans l'offrande perpétuelle qu'elle faisait des saintes Plaies. «Nous eûmes grand-peine à lui arracher ces paroles, note la supérieure. Dans son extrême confusion, elle dut faire un violent effort pour les articuler.»

«*Aimer, c'est la vie du ciel qui vous est destinée*, dit-il encore à sa privilégiée. *Cette vie, vous devez la vivre maintenant autant que vous le pourrez.*»

Un jour, tandis que la communauté se trouvait réunie, le divin Maître apparut soudain au-dessus de la place de la supérieure, et, s'adressant à toutes en la personne de l'heureuse enfant qui, seule, avait le privilège de le voir et de l'entendre, il dit:

«*Votre but doit être le* seul à seul avec moi. *Toutes, vous le savez. Mais plusieurs sont trop attachées aux choses du temps. Elles ne pensent pas que, moi seul, je dois être* leur Tout.

«*Quand on me cherche ardemment, je viens à l'âme qui me désire. Vous pouvez abréger le temps de l'épreuve par une plus grande faim de moi.*»

C'est un point sur lequel Jésus revient très souvent:

« Il n'y a pas d'Époux semblable à moi : je pense constamment à vous. – Aimez-moi toujours! – Moi, je vous aime toujours! L'amour de votre Époux est éternel!... »

Le divin Époux n'est pas avare. Les manuscrits témoignent des nombreuses grâces reçues au monastère. À chaque instant, en effet, jaillit de la plume des supérieures l'expression de leur gratitude pour la protection qui entoure visiblement la communauté.

Mère Thérèse-Eugénie déclare, à un moment : « Il est impossible d'énumérer ici toutes les grâces que reçoit la communauté par cette humble fille qui vit ignorée au milieu de ses sœurs... Nous sentons réellement une aide surnaturelle et visible autour de cette enfant bénie. Tout ce qui est à sa charge prospère. Tout ce qui est confié à cette âme simple est multiplié d'une manière qui rappelle l'huile et la farine de Sarepta et le petit baril inépuisable de la Galerie[1]. »

Le 7 mars 1868, Notre-Seigneur envoie sa servante bénir la provision de pommes de terre qui touche à sa fin. Il lui ordonne de se mettre à genoux et de s'humilier, puis de faire trois signes de croix *« au Nom et à la gloire de la sainte Trinité »*. La supérieure poursuit son récit en disant :

« L'humble converse sut, à ce moment, que la sainte Trinité avait reçu sa prière. Le soir, elle nous dit : ‹ Ma mère, il faut croire qu'il y aura des pommes de terre jusqu'au bout, Notre-Seigneur l'a dit. › » En effet, « contre toute prévision humaine, le tas, fort petit, ne

---

1 Maison dite de la « Galerie ». Berceau de l'ordre de la Visitation, où un baril de vin donné en aumône aux religieuses, en juin 1610, dura miraculeusement jusqu'aux vendanges de l'année suivante. (*Cf. Histoire de sainte Chantal*, par Mgr Bougaud.)

diminua plus, bien que, chaque jour, l'on y puisât largement ce qu'il fallait pour le pensionnat et la communauté. Il y en eut jusqu'aux nouvelles. Elles étaient si bonnes que, mangeant les dernières au mois de juin, la communauté les prit pour des ‹marjolaines›, tant elles étaient fraîches. Les religieuses cuisinières ne savaient que penser et disaient: ‹C'est vraiment extraordinaire: il y a eu un miracle.›»

Le 19 juillet 1885, sœur Marie-Marthe avait fait une abondante cueillette de framboises. Le lendemain, ce fut le tour des prunes. Tandis qu'elle remplissait les corbeilles, elle se sentit pressée intérieurement de retourner aux framboises: «Mais, mon Jésus, répliqua-t-elle, c'est inutile; hier, j'ai tout pris, il n'y a plus rien.» Sentant le mouvement intérieur toujours plus fort, elle y céda enfin. Quelle surprise de trouver les branches courbées sous le poids de belles grosses framboises! *«Ma fille, je les ai placées là pour te donner le plaisir d'en offrir à tes sœurs...* – Oh! merci, bon Maître! il faudra bien en mettre autant l'année prochaine.»

Les religieuses se souvinrent longtemps après et avec admiration de la quantité prodigieuse de fruits que fournissait le jardin au temps de sœur Marie-Marthe. Il semble bien que Notre-Seigneur se plaisait à multiplier ce que son élue était chargée de récolter: *«Tu es le petit enfant de la famille que l'on envoie à la cueillette,* lui disait-il, *et le Maître met tout ce qui est nécessaire pour que tu le trouves.»*

Un jour, l'huile à brûler vint à manquer dans la maison. En désespoir de cause, on s'adressa à la servante de Dieu. Celle-ci, bien qu'elle n'eût pas renouvelé sa provision, trouva son récipient si peu entamé qu'elle eut la satisfaction de contenter ses sœurs.

Lorsque le vin aigrissait dans les tonneaux ou que les pommes de terre pourrissaient à la cave, la supérieure y envoyait sœur Marie-Marthe. S'armant du signe de la croix, elle invoquait la sainte Trinité et les Plaies sacrées de Notre-Seigneur. Le vin redevenait excellent, les parties gâtées des pommes de terre séchaient, le reste était préservé. Les religieuses qui avaient constaté le dégât demeuraient stupéfaites d'étonnement, et, ne sachant à qui attribuer ces prodiges, pensaient les devoir à la sainteté de leur supérieure, mère Thérèse-Eugénie. Quant à celle-ci, elle inscrivait tout et gardait le silence.

C'est surtout à l'égard des biens spirituels que la reconnaissance de la communauté est grande envers sa privilégiée.

« Dieu seul peut en juger et les compter », peut-on lire dans un des textes. Il s'agit là de l'attestation des supérieures, qui seules savaient et qui résument ainsi leur pensée.

La communauté, elle, ignorait les merveilles de grâce qui s'opéraient chez la religieuse. On avait une confiance spéciale en ses prières, qu'on sentait être très agréables à Dieu ; aussi, en des moments de peine, se recommandait-on volontiers à ses intercessions.

Une jeune sœur lui demandait un jour : « Que faut-il faire, ma sœur Marie-Marthe, pour être un peu gâtée du bon Dieu ? » Sœur Marie-Marthe fixa un instant son interlocutrice : « Jamais, déclare cette sœur, jamais je n'oublierai ce regard !... Ces yeux largement ouverts, limpides, scrutateurs, qui fouillaient, me semblait-il, jusqu'aux plus intimes profondeurs de mon âme. J'éprouvais une sensation indéfinissable, d'autant plus émouvante que rarement l'on voyait se soulever les paupières de la chère converse. Après quelques secondes, qui me parurent longues, elle me répondit avec une autorité à la fois douce et compatissante : ‹ Petite sœur, il ne faut voir *que lui!*... il ne faut penser *qu'à lui!*... n'aimer *que lui!*... *rien que lui!*...›»

«À la même question, une autre sœur obtenait pour réponse : ‹ Ma sœur, il faut *bien s'humilier!*... bien... bien s'humilier!...›»

«Ces conseils, écrit mère Thérèse-Eugénie, étaient vraiment le *grand mot de Dieu* pour ces âmes!...»

Les supérieures aimaient – on le comprendra – recourir à leur chère religieuse lorsqu'un événement pénible menaçait la communauté. Et sensible aux prières de sa privilégiée, le divin Maître daignait souvent les rassurer par son entremise. *«Je suis le Gardien de cette communauté!... Je la protégerai toujours»,* disait-il avec une extrême bonté.

Les assurances de protection se multiplièrent avec les dangers. Dès le mois d'août 1870, Notre-Seigneur faisait porter ce mot : *«Dis à ta supérieure d'être sans inquiétude : le mal n'approchera pas de vous...»*

Le 29 février 1871, il renouvelait ses promesses de sécurité : *«Le démon est enragé contre la communauté parce que là est une source de grâces par la dévotion à mes saintes Plaies. Ta communauté est comme un vaisseau sur une mer en furie, mais elle ne périra pas : je suis son pilote.»* De nouvelles assurances furent transmises en 1873 et en

1878 : «*Je connais toutes mes épouses par leur nom... J'aime bien voir celles qui me sont fidèles.*»

«Bon Maître, si vous nous connaissez toutes, vous nous garderez bien et vous nous conserverez notre bon père Bouvier... – *Je vous garderai dans votre monastère, je vous donnerai ma paix, je vous conserverai encore votre bon père, parce qu'il vous est nécessaire*[2].»

Les assurances devinrent encore plus fréquentes au cours de l'année 1880, et elles se poursuivirent en 1881.

Le 8 mai 1881, sœur Marie-Marthe se trouvait au jardin, très préoccupée des récoltes qui s'annonçaient fort belles, mais aussi soucieuse des événements qui semblaient plus menaçants que jamais. Elle demandait alors à Dieu de laisser la communauté jouir des beaux fruits qu'il avait si généreusement donnés : «Voyez, bon Maître, comme tout est joli par là!... et les ‹méchants› veulent tout détruire.» Soudainement, Notre-Seigneur parut devant elle, plein de bonté : «*Ma fille*», lui dit-il, enveloppant d'un geste protecteur l'enclos du monastère, au sommet duquel il se trouvait, «*les ‹méchants› regardent, et moi, je garde.*»

Le pensionnat

Le pensionnat de la Visitation de Chambéry fut ouvert le 30 septembre 1806, et devait durer jusqu'en avril 1903. Un tel établissement n'était évidemment pas dans la pensée de saint François de Sales et ne se conciliait qu'assez mal avec la vie strictement contem-

---

2 Le père Bouvier – alors septuagénaire – était malade. Il guérit et vécut encore sept ans.

plative. Mais les circonstances en avaient fait une nécessité. Les supérieures, outre le fait qu'elles voyaient
dans l'enseignement une des formes de l'immolation
et de l'apostolat, ne crurent pas, par la suite, pouvoir
se soustraire «à cette tâche imposée par la Providence
et la voix de nos supérieurs».

Le pensionnat fut, avant tout, une maison d'éducation. On s'y préoccupait beaucoup plus de la formation
morale et religieuse selon l'esprit salésien que de l'instruction proprement dite, c'est-à-dire des programmes
universitaires et de l'obtention d'un diplôme.

C'est au service des élèves que sœur Marie-Marthe
passa la presque totalité de sa vie religieuse. En lui
confiant, dès le noviciat, l'emploi de réfectorière au
pensionnat, il est à présumer que les supérieures le
choisissaient de préférence à tout autre comme favori-
sant l'action de Dieu sur sa privilégiée, puisque son
existence s'écoulait ainsi dans une solitude plus
grande.

Dès 1866, la jeune professe de vingt-cinq ans se
retrouva ainsi parmi les pensionnaires. Cette «bonne
sœur Marthe», comme elles l'appelaient affectueusement, les élèves ne se privèrent jamais de la taquiner,
de s'amuser de sa naïveté et d'éprouver sa patience.
Mais la vertueuse converse se prêta toujours à tout
sans se départir de sa simplicité et de sa bienveillance
habituelles.

Diverses *guérisons* attestent l'heureuse influence de
la religieuse. On lit dans les manuscrits:

«Une élève fut saisie d'un accès de fièvre très violent. Le mal faisait des progrès rapides et l'état de la

petite malade devenait très inquiétant. Sœur Marie-Marthe, chargée de la veiller, récita avec foi et confiance neuf ‹Souvenez-vous›. Le lendemain, l'enfant était guérie.

« L'une de nos enfants était couchée depuis deux jours avec une fièvre ardente. Inquiètes, nous fîmes prier notre privilégiée pour la guérison de notre petite malade. Sa prière achevée, l'enfant se trouve instantanément guérie, demande à se lever et à manger... Nous n'en pouvions croire nos yeux : elle paraissait n'avoir jamais eu de mal ! Elle se rendit aussitôt en classe, et personne n'aurait soupçonné combien cette élève avait été malade. La sœur infirmière était dans un étonnement profond ; mais de notre cœur montèrent vers Dieu mille actions de grâces pour une telle faveur. »

On se doute bien que la dévouée réfectorière ne borna pas ses préoccupations au côté matériel de l'emploi. Elle pensait avant tout, dans ses allées et venues, aux âmes de ces enfants et offrait constamment ses sacrifices et ses prières pour elles.

Notre-Seigneur l'entretenait constamment dans ces pensées de zèle apostolique. Il lui révélait combien il aimait les jeunes élèves. Une année, à la rentrée scolaire, il lui dit : *« J'ai grand plaisir à voir arriver les enfants. C'est mon petit troupeau, c'est moi qui le garderai. »* Une autre fois : *« Aime-les comme je les aime. »* Ou encore : *« Porte-moi partout dans ton emploi, afin que les élèves m'y trouvent. »*

Emportée par ce mouvement de tendresse, il arrivait que sœur Marie-Marthe levait les yeux au moment de l'Évangile de la messe « pour voir ces chères petites ». Jésus, la rappelant doucement dans la voie du sacrifice, disait alors: «*Si tu ne les regardes pas, je les regarderai, moi, et je les bénirai.*»

Pour elle, Notre-Seigneur daignait, en personne, honorer parfois de sa présence sensible le réfectoire des pensionnaires: «*Nous venons au festin*», disait-il avec bonté.

Dans une période d'aridité, après trois jours de douloureuse désolation intérieure, sœur Marie-Marthe, sous l'impulsion d'un désir véhément, jeta vers Jésus cet appel de son cœur, au commencement d'un repas: «Bon Maître, vous êtes invité aux noces de la Visitation dans ce réfectoire. – *Je viens à toi*, répondit le Sauveur, *non seulement avec ma mère, mais j'amène aussi une grande troupe de mes amis si tu veux.*»

C'était le 9 avril 1869. Alors, la servante de Jésus vit alors la Vierge Marie et de nombreux saints, puis les anges gardiens des élèves. Notre-Seigneur les regardait toutes avec complaisance. La vision se prolongea tant que dura le repas, sans enlever à la religieuse sa liberté d'esprit. Elle continua son service, l'âme inondée de bonheur, sans que rien ne transpirât au dehors, sauf un recueillement plus profond et un visage tout céleste.

Notre-Seigneur s'intéressait également à leurs mortifications: «*Le pain sec à leur goûter* [pendant la guerre de 1870] *leur a plus coûté que votre jeûne à vous.*» Il se préoccupait de leur santé: «*Je soignerai les enfants... Je les tiens constamment devant mes yeux une par une. Je te dis cela afin que tu me pries pour elles.*» Le jeudi saint, 6 avril 1871, il insista encore: «*Je veux que l'on prenne note que, depuis cinq ans et deux mois que ton lit est à l'infirmerie, il n'y a pas eu de maladies graves.*» Ce lit à l'infirmerie, sœur Marie-Marthe ne l'utilisait guère, son Maître la voulant ordinairement devant le saint sacrement.

Jésus témoignait sa satisfaction de la dévotion des élèves aux saintes Plaies : *« J'attends le retour du pensionnat, parce qu'il me glorifie à cause de mes saintes Plaies. Pendant les vacances, les élèves ont propagé la dévotion... »*

À la veille des premières communions, il faisait, pour ainsi dire, acheter par sa bien-aimée les grâces destinées au pensionnat : les prières devaient devenir plus ardentes, la croix pesait plus lourdement. Cela rentrait dans la « tâche » de son élue.

Marie-Marthe accompagnait également de ses prières les élèves que Dieu rappelait à lui. Elle avait le souci de chacune des familles des enfants, qui ont longtemps gardé le souvenir de « la bonne sœur Marthe ».

Les vertus

Sœur Marie-Marthe ne vivait que pour Dieu, n'agissait que pour Dieu, ne voyait que Dieu en toutes choses : «Dieu est là, Dieu me voit, Dieu m'entend.» Elle ne savait guère converser avec les gens et elle n'a jamais tenu de savantes conversations en matière de spiritualité. Mais elle savait parler à Dieu et lui était reconnaissante pour tout.

Sœur Marie-Marthe tenait son cœur sans cesse dans l'action de grâce, dans la même mesure qu'il était à la réparation et à l'amour. Pour elle, tout lui était occasion d'élever vers le Père céleste sa reconnaissance : les légumes et les fruits qu'elle récoltait, la pluie, le soleil, le feu, la nourriture, les biens de la nature et plus encore ceux de la grâce. Tout l'invitait à le bénir.

Elle remerciait Dieu pour la Rédemption, pour Jésus-Eucharistie dans l'âme des communiants revenant de la sainte table. Elle remerciait non seulement pour les grâces ordinaires et les bienfaits agréables qu'elle recevait, mais aussi pour les grâces douloureuses et crucifiantes. «Ma sœur, que faut-il dire à Jésus?», lui demandait-on parfois. «Deux mots seulement, répondait-elle : ‹pardon, merci!›, mais il faut toujours les dire. »

La simplicité

Son esprit de foi, de prière et de reconnaissance était très simple.

La simplicité, selon saint François de Sales, n'est autre qu'un «acte de charité pur et simple qui n'a qu'une seule fin : acquérir l'amour de Dieu». «Et notre âme est simple, ajoutait le grand saint, lorsque nous n'avons point d'autre prétention en tout ce que nous faisons. »

Sœur Marie-Marthe n'avait pas «d'autre prétention» que celle-là. Sa pureté d'intention atteignait ce degré où elle devenait «le regard de la créature cherchant le regard de Dieu». Et des heures entières s'écoulaient ainsi, surtout pendant les veillées nocturnes. *«Ton regard me suffit*, disait le Bien-Aimé, *et moi, je te regarde.»* Se présentant un jour à sa privilégiée tandis qu'elle balayait le grand cloître du monastère : «*Fais-tu cela pour mon divin regard?* – Oui, bon Maître! »

«On sentait, dit une de ses compagnes, qu'il n'y avait en elle *rien de naturel*, qu'elle ne se regardait pas. » Elle ne se regardait pas parce qu'elle cherchait en Dieu seul sa ligne de conduite, sans considération humaine ni repli sur le moi.

Cette disposition si agréable à Jésus la rendait encore plus attachante. Elle conserva tout au long de sa vie une fraîcheur d'âme d'une réelle candeur; les mères l'attestent. «Elle a vraiment la candeur de l'enfant», écrit sa supérieure. «Nous lui demandions, à propos de la faveur dont elle jouit de voir chaque jour Jésus-Enfant à la sainte communion : « N'avez-vous jamais, dans le monde, parlé de cela à votre confesseur ? – Oh ! non, ma mère, je croyais que tout le monde voyait la même chose. »

À l'époque où Notre-Seigneur lui demande trois signes de croix pour obtenir la préservation des pommes de terre, la religieuse, pensant qu'elle ne pourra redescendre à la cave le lendemain, trouve une solution à son problème et la soumet à son Maître : « Il y en aura trois pour demain, si vous le voulez bien, mon Jésus. »

À une autre occasion, au cours du mois de septembre 1885, elle fait, par ordre de sa supérieure, la cueillette des figues. Mais elle perd l'équilibre au sommet d'une échelle. Elle s'accroche aux branches et s'écrie : « Bon Jésus, tenez-moi, notre mère m'a confiée à vous. »

Cette naïveté, cette candeur, cette droiture parfaite faisaient partie de son existence et influençaient même son aspect physique. Lorsque la simplicité d'une personne s'exprime avec autant de confiance, cela s'appelle de l'abandon : « Mon Jésus, j'attends tout de vous seul parce que je ne suis que misère. »

Abandonnée, sœur Marie-Marthe n'avait pas beaucoup de peine à l'être. Elle aimait tant Notre-Seigneur qu'elle recherchait en tout son bon plaisir, toujours prête à sacrifier, pour l'obscur et pénible emploi, les consolations divines de l'oraison.

Mais tout au cours de sa vie traversée d'épreuves, l'abandon total à Dieu exigeait d'elle une véritable immolation.

Dans les années de jeûne réclamées par le Maître, il y eut des heures où la pauvre religieuse, se sentant exténuée, avait l'impression de mourir de faiblesse. Quelle générosité et quel abandon ne lui fallait-il pas alors pour se conformer aux recommandations de Jésus : *«Ne t'inquiète pas... attends mon signal pour retourner au réfectoire.»*

«Ma mère, avouait-elle à sa supérieure, je vois que Notre-Seigneur est toujours plus Maître de moi : je ne fais pas ce que je veux, mais ce qu'il veut.»

Sœur Marie-Marthe eut-elle beaucoup à lutter pour en arriver là? Ses progrès furent-ils lents ou rapides? Il n'est pas facile de répondre. Quoi qu'il en soit, elle semble bien avoir avancé très loin sur cette voie si chère à François de Sales, le saint fondateur.

Cinq ou six mois avant son décès, on lui demandait si elle craignait la mort ou si elle la désirait. «Ah! j'aimerais bien mourir!...» Puis, se reprenant aussitôt, elle ajoutait : «Mais voilà!... J'aime mieux la volonté de Dieu. Vivre ou mourir n'est rien pourvu que je fasse la volonté de Dieu. – Oui, je comprends ; mais est-ce que le purgatoire ne vous effraie pas? – Oh bien! j'y pense pas [sic], je m'abandonne. Qu'il fasse sa volonté ; pour moi, je m'abandonne.»

Simplicité dans les rapports avec Dieu, avec les supérieures, avec le prochain. Simplicité de vie, d'allure, d'attitude, même devant la mort. Il n'y avait rien de compliqué dans la vie intérieure de cette religieuse.

Le devoir, la volonté de Dieu, le service de la communauté, l'amour de Jésus et de Marie et la prière étaient ses seuls objectifs. Après ses extases, elle retournait tout bonnement à ses occupations ordinaires, sans paraître embarrassée de son attitude.

L'humilité

Toutes les grâces de Dieu sont perdues s'il manque l'humilité. Suivant l'enseignement de saint François de Sales, Notre-Seigneur va jusqu'à mettre «au hasard» que nous perdions toutes les vertus, pourvu que nous conservions celle-là.

L'humilité fut la vertu dominante de sœur Marie-Marthe. «Lors de son décès, écrit mère Jeanne-Françoise Breton, ses compagnes étaient unanimes à rendre hommage à sa rare humilité.»

Il semble bien que Notre-Seigneur l'ait spécialement prévenue et sollicitée sur ce point, comme aussi particulièrement secourue.

Ses appels ne pouvaient être plus pressants: «*Ma fille, si tu ne t'humilies pas, tu ne suivras pas le chemin que je t'ai tracé pour venir à moi.*»

«*Viens comme la tourterelle te cacher dans mon cœur et je te couvrirai d'un manteau d'humilité!...*»

Il insiste encore: «*Quand une âme s'humilie et s'anéantit, elle m'attire comme l'aimant attire le fer!... J'ai laissé ma gloire, je me suis abaissé, je me suis fait bien petit pour venir à toi... et toi, pour être prête à recevoir mes grâces, il faut beaucoup t'anéantir, car je ne regarde que le cœur humble!*»

Plus fréquemment encore, sur les lèvres de la mère de Dieu revient la leçon d'humilité:

«Il faut que ton cœur soit toujours dans une disposition d'humilité et de bonté. Ma fille, il ne t'est pas permis de penser à toi, mais tu dois constamment penser au prochain.»

Sœur Marie-Marthe supplia un jour la Vierge Marie de lui obtenir cette inappréciable vertu de son cœur:

«Ma fille, répondit-elle, tu veux que je te donne la plus grande grâce que je puisse t'accorder, la plus agréable à mon Fils et à toute la cour céleste: l'humilité... Je te l'accorderai si tu me la demandes toutes les fois que tu auras l'occasion de t'élever. – Ma bonne mère, insista la naïve enfant, je la veux pour toujours. – Il y a plus d'amour et plus d'humilité à la demander souvent... Il faut croître en humilité jusqu'à la mort: par ce moyen, vous réjouirez mon cœur maternel.»

Et Marie dit encore cette parole profonde, inépuisable sujet de méditation: «Vous deviendrez, comme moi, ‹ *mère de Jésus* › par l'humilité.»

Le 1er janvier 1870, sœur Marie-Marthe se tenait près du réfectoire du pensionnat, occupée à laver la vaisselle, lorsque le ciel remplit soudain toute la pièce. Les Visitandines et une phalange de bienheureux se montrèrent à elle. Toute à sa joie, elle s'écria: «Voulez-vous faire pour moi une commission à Notre-Seigneur? Dites-lui que je suis... pécheur.»

Notre-Seigneur la maintenait ainsi constamment, fortement, dans l'humilité, à la fois intérieure et extérieure.

Un jour, après une scène où une remarque désobligeante d'une religieuse l'avait peinée, une sœur de chœur, passant là par hasard, eut pitié d'elle et voulut la consoler: «Laissez dire, ma bonne sœur Marie-Marthe... Tout cela ne signifie rien et ne vous empêchera pas de jouir des gâteries de Notre-Seigneur.» Mais, devenant encore plus profondément triste, sœur Marie-Marthe répondit doucement: «Ah! ma sœur! est-on bien sûr?... Est-ce vraiment lui?»

Une autre fois, alors qu'elle était retenue à l'infirmerie souffrant d'un érysipèle, sœur Marie-Marthe récitait avec une sœur malade les invocations données par le Sauveur: «Mon Jésus, pardon et miséricorde par les mérites de vos saintes Plaies. Père éternel, je vous offre les Plaies de Notre-Seigneur pour guérir celles de nos âmes.» Une sœur, peu portée à la dévotion aux saintes Plaies, ou plutôt à l'inauguration de la nouvelle prière, l'interrompit d'un ton assez vif: «Il ne faut pas dire comme cela, ma sœur... Vous ne gagnez pas d'indulgences; il faut dire seulement: ‹Mon Jésus, miséricorde.›» Aussitôt, sœur Marie-Marthe continua sa prière en ne disant plus que: «Mon Jésus, miséricorde.»

Son humilité la rendait craintive et silencieuse et retranchait tout retour sur les faveurs divines.

À la sœur «assistante» qui l'interrogeait sur ses rapports intimes avec le divin Maître, elle confiait en toute simplicité: «Quand j'ai manqué d'humilité, il se cache et ne revient pas jusqu'à ce que j'aie réparé... Il n'y a qu'à s'humilier, se faire petite pour le faire revenir!... Aussi, je ne peux pas ne pas demander pardon, il faut que je demande tout de suite, tout de suite! On ne peut pas vivre sans lui!... Quand j'ai mécontenté nos sœurs, que j'ai été grossière, que j'ai tenu bon, Jésus s'en va... Oh! que c'est triste!... Je vais au chœur et je ne le trouve pas... Alors, je sors, je cherche la sœur, je demande pardon et... il revient!... On ne peut pas vivre séparés, nous deux!... »

On pourrait rapporter plusieurs autres témoignages. Il y a celui de cette autre religieuse «assistante»:

« Ce qui me frappait davantage dans nos rapports ‹d'aides spirituelles›, c'était, avec la pureté, la candeur et la simplicité de son âme, l'humilité si rare et si profonde de sœur Marie-Marthe. Elle en paraissait pétrie. Nous pouvions revenir sans cesse à la charge pour certains manquements extérieurs, oublis, etc. Elle, baissant la tête d'un air contrit et confus: ‹C'est vrai... c'est bien vrai, ma sœur l'assistante!... Je tâcherai de mieux faire: je suis si "grossière"!›» (Elle employait toujours cette expression, qui, sur ses lèvres, signifiait: inculte, mal dégrossie.)

Des petits frottements dans sa vie avec la communauté, il y en eut souvent à cause de son peu de culture et son manque de «bonnes manières». «Elle avait beau être cordiale, dit une de ses jeunes compagnes, elle était souvent mal reçue.» Lorsqu'elle venait, pendant les vacances des élèves, proposer son aide à nos sœurs du ménage, ses offres obligeantes n'étaient pas toujours accueillies avec bonne grâce: «Allez prier... nous n'avons pas besoin de vous», lui répondait-on à l'occasion. Mais elle supportait tout avec générosité.

« Je ne me souviens pas, dit l'une de ses compagnes, que sœur Marie-Marthe m'ait dit une parole blessante ni de lui en avoir entendu dire à nos sœurs. Je lui ai souvent refusé de légers services. Elle revenait m'en demander une autre fois avec la même sim-plicité.»

Le fait est que les grâces même que Dieu faisait à sœur Marie-Marthe servaient de champ à l'humilité de sa servante. Que de remarques pénibles n'eut-elle pas à supporter lorsque, ayant été ravie en Dieu, elle venait, trop tardivement à leur gré, aider les sœurs à la cuisine! «Ah! c'est bien commode, disait-on parfois, on reste à prier tranquillement et on laisse tout le travail aux autres.» À d'autres occasions, par contre, c'étaient des paroles joyeuses qui la mettaient dans un cruel embarras: «Quel beau cantique nos sœurs ont chanté à l'exposition du très saint sacrement! – On a chanté?, demandait sœur Marie-Marthe, trahissant involontairement le secret de l'Époux qui avait ravi ses sens. – Comment? Vous n'avez rien entendu?... Ah! bien sûr, notre sœur était encore en extase!...» C'était alors la confusion la plus totale pour sœur Marie-Marthe! Elle se taisait, rougissante, et souffrait visiblement d'être en butte à la moquerie de ses compagnes.

L'obéissance

«C'est l'obéissance qui fait la religieuse», assure sainte Jeanne-Françoise de Chantal. On peut, en effet, garder la virginité dans le monde, on peut y pratiquer la pauvreté en tenant son cœur détaché, même au sein des richesses. Mais, par le vœu d'obéissance, la personne sacrifie ce à quoi elle renonce le moins volontiers, ce que Dieu a mis en elle de plus personnel, de plus élevé: le jugement et la volonté libre. Cette liberté de vouloir et d'agir, c'est l'Isaac trop cher que la religieuse doit sacrifier à Dieu, entièrement et pour toujours. Le vœu d'obéissance est la base essentielle de la vie qu'elle a embrassée. Sœur Marie-Marthe était une femme obéissante. Avec un esprit de foi profond, elle reconnaissait vraiment Dieu en l'autorité.

«*Ma fille, la supérieure, c'est moi*», répétera souvent Jésus à son épouse.

À plusieurs reprises, au moment de l'«obéissance», apparaissant à la place de la supérieure et comme fondu en une même personne avec elle, il disait encore: «*Regarde, regarde... C'est moi qui suis à la place de ta mère... C'est moi qui écoute ce qu'on lui dit... Elle tient ma place et je tiens la sienne. Ses réponses sont les miennes.*»

C'est toujours sur cette même voie d'enfance spirituelle que la Vierge Marie guide sœur Marie-Marthe. Dans ce but, elle lui recommande l'obéissance: «Je ne veux pas que tu fasses aucun acte, quelque bon qu'il te paraisse, en dehors de l'obéissance.»

L'obéissance religieuse ne consiste pas seulement dans la soumission aux ordres, conseils et désirs immédiats des supérieurs. Il existe, dans le courant de la journée et de la vie, une foule de prescriptions établies par les saints fondateurs et approuvées par l'Église auxquelles la religieuse doit s'assujettir pour demeurer fidèle à Dieu. «Le vrai obéissant, note saint François de Sales, aime ses règles et les honore comme le vrai chemin de l'union de son âme avec Dieu, et, partant, il ne s'en éloigne jamais.»

Sœur Marie-Marthe, comme toute vraie religieuse, eut l'esprit de l'obéissance, c'est-à-dire l'amour de l'obéissance vouée à Dieu en la personne de ses supérieures. Elle n'eut pas à un moindre degré l'amour des

règles et constitutions dont, à la lumière surnaturel-
lement reçue, elle sentit l'importance et la beauté. Et,
de ce fait, elle aima sa vocation.

Être tirée de la foule, réservée pour le service direct
et unique de la divine Majesté, être «épousée» au Fils
de Dieu, appelée à coopérer d'une manière spéciale au
salut des âmes, voilà un bienfait qui dépasse toutes les
vues et ambitions humaines et dont la pensée inonde
sans cesse le cœur d'une indicible reconnaissance.

Or, sœur Marie-Marthe Chambon eut ce sentiment
aussi vif que profondément surnaturel. Sa vocation,
«elle l'estimait au-dessus de tout», écrit sa supérieure.
Elle était totalement ravie d'entendre son divin Maître
lui dire: «*Tu sais pourquoi je t'ai choisie. C'est à cause de ta
misère, ma fille. C'est pour ma gloire et le salut des âmes.*»
«*Ma fille, je veux que tu me remercies de ton appel à la vie
religieuse pour tant d'âmes consacrées qui ne pensent pas à le
faire.*»

C'est à l'époque des retraites annuelles que sœur
Marie-Marthe jouissait spécialement de la grâce de sa
vocation. Notre-Seigneur aimait alors à se faire son
«livre» et le guide de son âme:

«*Tu as le trésor des livres puisque tu as ‹moi-même›. Je
n'ai besoin que de ton cœur et tu n'as pas besoin d'autres
livres que le mien: tu ouvriras ton cœur, tu te feras bien
petite, et moi, je verserai dedans.*

«*Désirer un livre pour me trouver, c'est perdre ton temps.
Il faut, ma fille, te tenir près de moi, oubliant tout pour me
regarder en ton cœur. Ainsi unie à moi dans le recueillement,
mon amour te pénétrera, te rendra plus silencieuse, plus douce*

avec le prochain... et par ce moyen, tu vivras d'une vie céleste. »

La fête de la Présentation était l'un des saints renouvellements les plus chers et les plus doux pour elle. Elle ne la voyait jamais revenir sans une ardeur délicieuse à laquelle se mêlait une certaine appréhension à cause de la grandeur de ce jour de cérémonies que saint François de Sales a rendue particulièrement émouvante et expressive.

Au cours de cette fête, à un moment donné et à tour de rôle, chaque religieuse de la Visitation prononce la formule qui réitère sa consécration à l'Époux des Vierges. Et immédiatement le prêtre, qui tient en mains le ciboire, répond en lui présentant l'hostie : « Que le corps de Notre-Seigneur Jésus-Christ garde votre âme pour la vie éternelle !... » Le 21 novembre 1880, comme sœur Marie-Marthe demeurait haletante au milieu des paroles de la rénovation, le Sauveur, plein de bonté, lui dit : *« Ma fille, je t'attends !... J'aime encore mieux ton cœur que tes paroles. »*

Quelques années auparavant, en 1873, en ce même jour, le Christ montrait à sa bien-aimée les âmes-épouses s'approchant de l'Époux. Toutes étaient dans son Cœur, quelques-unes bien profondément enfoncées, d'autres moins. Et Jésus dit alors : *« Memoria in æternum ! »* Toute surprise, l'ignorante enfant demanda : « Bon Maître, qu'est-ce que cela veut dire ?... Je ne comprends pas ces mots. » *« Ma fille,* répondit Jésus, *cette action sera éternelle. »*

L'amour de sœur Marie-Marthe pour sa vocation se nourrissait continuellement de rapports surnaturels avec les saints de la famille visitandine.

Parmi ses joies, il y a eu celle de vivre dans l'intimité des saints fondateurs de la communauté. Ces glorieux saints étaient pour elle, dans toute la réalité du mot, un père et une mère : ils lui ont donné la vie dont elle jouissait en Dieu. Se nourrir de leurs écrits où ils parlent encore était un devoir très apprécié. Car ces saints que l'on vénère, pour l'ordinaire, à distance, la religieuse visitandine les approche de très près. Elle les voit autant sur la terre qu'au ciel. Ils semblent présents à ses côtés, l'invitant à suivre leur voie.

C'était bien là le cas pour sœur Marie-Marthe. Elle vivait, avec les saints fondateurs de l'Ordre, en un contact habituel et une étonnante intimité, leur confiant tous ses besoins, leur présentant ses requêtes et recevant d'eux conseils et encouragements, accompagnés de marques de tendresse qui la ravissaient.

Saint François de Sales se plaisait, on le sait, à s'entretenir avec son humble fille.

« Adieu, ma fille, je t'aime bien, concluait-il un jour. Pour toi, tu me vois. Tes sœurs ne me voient pas, cependant je les regarde en toutes leurs actions... Votre sainte mère et vos sœurs sont là aussi, tout près. »

Sainte Jeanne-Françoise de Chantal, pour sa part, la gratifia souvent de ses visites, lui donnant des avis pour sa formation personnelle ou de précieux messages pour nos mères.

Quant à sainte Marguerite-Marie, celle-ci reconnaissait sans doute en l'humble Marie-Marthe une sœur cadette dont la voie, souvent rude, n'était pas sans analogie avec la sienne.

Les manuscrits indiquent que celle que l'on sur-
nomme « la grande amante du Sacré-Cœur » venait lui
apporter le secours de ses encouragements dans les
moments pénibles. Elle lui rappelait ce que vaut la
souffrance : « Si vous connaissiez le prix de la souffrance, vous ne pourriez vous empêcher de la désirer. »
D'autres fois, elle la poussait à la conquête des âmes et
l'enflammait d'amour pour Jésus-Hostie. Un 17 octobre, au moment où sœur Marie-Marthe commu-
niait : « Tu reçois tout ton trésor, lui murmura-t-elle. Il
faut tant aimer Notre-Seigneur. »

La pauvreté

La pauvreté évangélique fut une autre passion de
l'humble converse.

Sans doute, son entrée au couvent ne lui coûta pas
grand sacrifice matériel; née de famille très modeste,
elle n'eut pas à renoncer à la fortune. Par là même,
certaines privations, si difficiles pour d'autres novices
élevées dans des conditions différentes, ne lui furent
pas trop pénibles. Néanmoins, sœur Marie-Marthe ac-
quit dans le cloître le véritable esprit de pauvreté et
pratiqua cette vertu d'une manière héroïque.

Un jour qu'elle faisait l'exercice du chemin de
croix, à la dixième station, Notre-Seigneur lui fit comprendre les grâces méritées par son dépouillement en
faveur des personnes appelées à le suivre dans la pauvreté. Il lui demanda d'offrir les saintes Plaies *« pour
celles de ses épouses qui ont besoin de dépouillement, afin
qu'elles sachent le ‹ revêtir › par une pratique plus concrète de
leur vœu de pauvreté »*.

Pauvre, elle le fut effectivement en tout. Elle le fut dans ses vêtements usés, rapiécés jusqu'à extrémité. Elle le fut dans sa nourriture, elle le fut aussi dans son emploi, comme en témoignent les manuscrits, «prenant un soin extrême de ménager toutes choses, ne brisant à peu près rien dans cette charge de réfectorière au pensionnat, où les occasions de faire des dégâts étaient cependant fréquentes». Même «les objets les plus fragiles se conservaient indéfiniment entre ses mains, presque sans détérioration». Pauvre, elle le fut, enfin, dans le bon usage du temps, car c'est là une des exigences de la pauvreté religieuse.

On sait que Dieu lui donnait les forces nécessaires à l'accomplissement de ses devoirs. Mais il lui donnait aussi l'intelligence du vœu et de la vertu de pauvreté avec la conviction qu'elle n'avait pas le droit de perdre une parcelle de son temps.

«*Mon enfant,* lui avait dit un jour Jésus, *il ne faut point perdre de temps. Toutes tes minutes sont à moi; si tu en perds, c'est un vol que tu me fais, et au prochain.*» – «*Je veux que tu demandes ce que tu auras à faire avec grande humilité, comme une pauvresse qui se trouve bien obligée lorsqu'on veut lui donner de l'ouvrage.*» – «*Je veux que tu serves le prochain, tant les élèves que les sœurs, sans jamais refuser le travail, mais en te regardant fort honorée qu'on veuille bien se servir de toi.*»

Par esprit de pauvreté toujours, sœur Marie-Marthe récoltait avec beaucoup de zèle les fruits et les légumes, veillant à ne rien laisser perdre. Elle ramassait un à un les grains de raisin tombés à terre pendant la vendange, elle joignait aux herbes potagères l'oseille sauvage trouvée dans la prairie et, dans le fort de l'hiver, trouvait le moyen de déterrer encore, sous la neige, des légumes frais qu'elle apportait comme un trésor à la sœur cuisinière.

Ce grand esprit de pauvreté n'était pas toujours compris de jeunes religieuses qui agissaient un peu à la légère. C'est ainsi que quelques unes de ses compagnes l'accusèrent parfois d'avarice et de ne penser qu'au matériel. Vers la fin de sa vie, elle gardait encore cette «épine» dans son cœur et confiait à son aide spirituelle: «Il y a de nos sœurs qui disent que je suis attachée aux choux et aux épinards... Oh! non. Seulement, cela me fait de la peine quand je vois des choses qui se perdent, parce que c'est le bien du bon Dieu, c'est lui qui nous les donne... Et puis, on a fait le vœu de pauvreté!...»

Le Seigneur la consolait: «*Ma fille, on te croit très avare à cause de la grande attention que tu mets à cueillir les moindre fruits et à soigner toutes choses. Je te juge bien autrement. Je sais combien ton cœur est détaché des choses de la terre!...*»

L'esprit de mortification et de pénitence

«Vous êtes morte au monde et à vous-même pour ne plus vivre qu'à Dieu», est-il dit à la religieuse Visitandine au jour de sa profession. Ce travail de mortification, entrevu dans l'énergique expression du cérémonial, ne peut être l'œuvre d'un jour. C'est un travail long, incessant, toujours à recommencer.

Dès les premières années de sa vie religieuse, sœur Marie-Marthe l'entreprit avec générosité, sous l'impulsion de Notre-Seigneur qui la pressait «*de choisir, en tout et partout, le côté où il y a le plus de mortification*». À l'abnégation que suppose la pratique des conseils évangéliques, aux multiples renoncements réclamés par une constante fidélité à la règle, elle joignit, à un degré rare, la mortification extérieure.

Ainsi, au réfectoire, elle prenait indifféremment ce qui lui était présenté, et, s'il lui était permis de faire un choix, elle s'arrangeait toujours de façon à laisser à d'autres le meilleur.

C'est surtout dans le domaine de la souffrance que son courage provoque l'admiration. *Souffrir comme Jésus, avec Jésus!* Ce fut toujours, pour la privilégiée du Cœur de Jésus, un puissant excitant à la pénitence. Cette union effective à la Passion du Maître datait des premières années de sa vie religieuse.

À cette époque, une lumière d'en haut lui avait donné une si profonde connaissance de ses défauts qu'elle s'était sentie la plus misérable créature du monde. Tandis qu'elle s'humiliait, Notre-Seigneur, lui accordant une vue saisissante de sa Passion, lui avait ordonné, pour s'unir à ses souffrances, de demander la permission de prendre quatre fois la discipline[1] le vendredi.

La permission fut sollicitée et obtenue. Et sœur Marie-Marthe s'exécuta avec un tel courage que, chaque fois, la discipline fut sanglante.

Peu après, Jésus l'invita à en ajouter une autre tous les jeudis sans oublier celles du lundi et du mercredi «pour honorer sa flagellation»: «*Les coups de la flagel-*

---

1 Sorte de fouet fait de cordelettes ou de petites chaînes utilisé pour se flageller, se mortifier.

lation me glorifient parce qu'ils sont montrés comme exemple à mes enfants. »

On se rappelle qu'en 1866 Notre-Seigneur avait appris à sa servante à se tresser une couronne d'épines. Quelques années plus tard, il exigera davantage encore: « *Ta couronne ne te fait plus assez souffrir,* lui dit-il un jour. *Va trouver ta maîtresse; elle a quelque chose qui la remplacera et qui est juste à ta tête.* »

Les écrits révèlent que sœur Marie-Marthe vint alors, en toute simplicité, rapporter à mère Marie-Alexis l'ordre qu'elle venait de recevoir. Celle-ci répondit d'abord: «Non, je n'ai rien.» Puis, après réflexion, elle ajouta: «Nous avons bien une ceinture de fer; mais cela ne peut aller à votre tête... cependant, allons voir.»

La ceinture est essayée et elle va bien. L'instrument de pénitence faisait juste le tour de la tête comme une couronne; on aurait dit que la mesure avait été prise.

Cette ceinture, armée de pointes de fer, lui était très douloureuse et sœur Marie-Marthe fut tentée de la laisser de côté. Mais Jésus-Christ lui apparut sur la croix dans d'effroyables souffrances, le front transpercé par les cruelles épines; de grosses larmes tombaient de ses yeux et le sang s'échappait de toutes les blessures de sa tête: « *Ma fille, je ne quitte pas ma couronne* », lui dit le Sauveur. À ces mots, sœur Marie-Marthe fut toute confuse; elle reprit courageusement la sienne et, depuis lors, n'hésita plus.

Le rude cilice qu'elle portait jour et nuit, d'après l'ordre de Notre-Seigneur, la faisait aussi horriblement souffrir. Là encore, elle songea un jour à s'en débarrasser. Pour l'encourager, Notre-Seigneur lui dit : « *Ma fille, je te donne cette douleur pour gagner mon amour.* » Puis, découvrant ses plaies : « *Vois, ma fille, combien j'ai souffert pour toi !... Pourras-tu jamais trop souffrir pour moi ?* »

En 1881, mère Thérèse-Eugénie rendait le témoignage suivant :

« Voilà plus de treize ans qu'elle passe ses nuits devant le très saint sacrement ou étendue sur le plancher de sa cellule avec ses instruments de pénitence : couronne, bracelet de fer, cilice, sauf quelques fois, lorsqu'elle est tout à fait malade, et deux ou trois semaines durant les grands froids de l'hiver, où nous exigeons qu'elle se mette au lit.

« Parfois elle souffre beaucoup ; d'autres fois, son cœur s'unit à Jésus crucifié d'une manière si intime qu'elle ne sent plus les souffrances corporelles, tant son âme est inondée de consolation.

« Il est remarquable qu'après des nuits de douleurs excessives elle se trouve le lendemain forte et vigoureuse comme une personne qui se serait parfaitement reposée. »

La chasteté

Sœur Marie-Marthe était entrée au monastère avec toute la candeur de sa jeunesse, et elle demeura toute sa vie une âme angélique. Ainsi, ce qui touche à la chasteté dans cette vie de moniale demeure une question d'innocence limpide et d'amour virginal.

Un cœur chaste, disait le bienheureux Adéodat, c'est celui qui n'aime que Dieu. Sainte Jeanne de Chantal écrivait pour sa part que Notre-Seigneur lui avait dit, après une communion, que si une âme voulait se conserver intérieurement et extérieurement à lui, elle devait se mettre dans la pratique de la constitution de la chasteté : « *Les paroles*, lui avait dit Jésus, *en sont toutes divines, il n'y a rien d'humain, tout est sorti de mon cœur amoureux.* »

Chez sœur Marie-Marthe, la pureté du grand amour exclusif traverse toutes les pages des manuscrits.

Un jour, son aide spirituelle lui demanda : « Mais pourquoi donc Notre-Seigneur vous aime-t-il tant ? Qu'y a-t-il en vous pour l'attirer ?... » Et la chère religieuse lui répondit simplement :

« Oh ! ma Sœur, c'est que je suis une ignorante, j'ai un cœur simple et sans doublure... et puis j'ai un cœur dégagé : lui, c'est tout !... Je ne tiens à rien, à rien... je n'ai besoin de rien, je ne désire rien ; mon cœur est libre. – Cependant, reprit sa compagne, votre emploi, vous paraissez bien l'aimer et vous y intéresser. – Le jardin ?... Oui, parce que c'est l'obéissance. – Et vos neveux ? N'occupent-ils pas une petite place dans votre cœur ?... Vous y pensez quelquefois ? – Mes neveux ? Oh ! pas bien. Je demande à Dieu qu'ils restent bons chrétiens ; à part ça, je n'y pense jamais. On n'a pas le temps de penser à tant de choses, on est si heureux avec Jésus !... Il suffit bien, ne trouvez-vous pas, ma sœur l'assistante ? »

Mais un tel dégagement, si parfait fût-il, avait parfois ses légères faiblesses.

Un jour, alors que Notre-Seigneur lui tenait compagnie, il prit fantaisie à sœur Marie-Marthe d'aller dire un mot à sa maîtresse. Alors, il la retint par cet amoureux reproche : *« N'as-tu pas assez de moi ? Il faut marcher en faisant tes actions devant moi... Je veux vos cœurs tout entiers, pour me dédommager de l'ingratitude des hommes. »*

Une autre fois, comme la pensée de sœur Marie-Marthe s'était quelque peu arrêtée aux affaires temporelles de sa famille, le divin Maître lui dit : *« Eh quoi ! ma fille, tu penses au bien de tes parents et tu négliges le mien propre. »*

C'est ainsi que Notre-Seigneur «est jaloux du cœur de ses épouses». Toutefois, il ne laisse pas sans récompense l'esprit de sacrifice et le vrai dégagement du cœur. Alors qu'il y avait longtemps que sœur Marie-Marthe n'avait pas prié pour ses parents et qu'elle en éprouvait de la peine, elle lui dit : «Mon Jésus, je manque à mon devoir, j'oublie mes parents. » Alors, le Sauveur lui répondit avec tendresse : *« Et moi, j'y pense tous les jours. De même que je donnerai à l'âme religieuse le centuple que j'ai promis, de même je le donnerai à tes parents. »*

La charité

Chaque jour, la charité grandissait en la religieuse, sous toutes ses formes : amour tendre et confiant de l'enfant, amour pur et chaste de la vierge, amour exclusif de l'épouse, amour ardent et fort de l'amante du Calvaire.

Cet amour souverain rejaillit sur tous les êtres qui l'entouraient sous forme de charité fraternelle et de dévouement total. On peut dire en effet que, sous la direction de Jésus et en union avec lui, sœur Marie-Marthe donna au prochain son temps, son cœur et sa vie.

Elle rendait volontiers service. Notre-Seigneur lui avait particulièrement demandé cette pratique de charité : *« Ne jamais se regarder... ne jamais refuser un service. »* La Vierge Marie également : « Il faut que ton cœur soit toujours dans une disposition d'humilité et de bonté. Ma fille, il ne t'est pas permis de penser à toi, mais tu dois constamment penser au prochain. »

C'était chose si connue qu'une des sœurs cuisinières, dans sa malicieuse psychologie, avait trouvé un moyen infaillible de conserver les aides que sa compagne venait lui ravir. La voyait-elle accourir, disant à une postulante ou à une novice : « Petite, venez vite m'aider, je suis bien en retard. – Oh ! ma sœur, objectait-elle alors, si vous saviez comme nous sommes pressées nous-mêmes, votre charité nous donnerait un coup de main. » Aussitôt, sœur Marie-Marthe s'asseyait sans mot dire, épluchait les légumes, décortiquait les haricots, et il n'était plus question de son propre travail. La ruse avait toujours plein succès puisque le bon cœur de l'élue de Dieu ne lui permettait pas de refuser un service au prochain.

Mais l'action charitable de sœur Marie-Marthe n'était pas sans entraîner parfois des désagréments et des peines. Certaines de ses compagnes trouvaient qu'elle manquait en certaines occasions de discrétion et elles lui en faisaient le reproche. C'est ainsi qu'en l'abordant une religieuse lui demanda un jour : « Mais pourquoi donc, ma sœur Marie-Marthe, pourquoi êtes-vous constamment à demander service aux unes et aux autres ? Ne comprenez-vous pas que cela ennuie quand on est surchargé ? – Ma sœur, lui répondit alors la servante de Dieu, il faut bien apprendre aux jeunes à se dévouer... La charité ! il n'y a rien de plus grand, voyez-vous. »

Le fait est que, sous ses dehors frustes, sœur Marie-Marthe souffrait toujours de son manque de finesse. Elle aurait trouvé de la joie à être plus aimable et plus aimée, mais il semble que l'amour jaloux de son Époux ne le lui permit pas. Jésus lui dit un jour à la communion : « *Viens, ma fille, je veux te donner les deux vertus de mon Cœur : la douceur et l'humilité. Avec elles, tu dédommageras mon Cœur adorable ! Malgré cela, je te laisserai de temps en temps tomber en quelque faute vis-à-vis du prochain pour te tenir cachée.* »

Ainsi, Notre-Seigneur se plaisait parfois à humilier son épouse, à lui faire chercher des secours inutiles, entre autres choses. L'aveu en échappa à un moment à la religieuse.

Cela se passait un jour qu'elle était allée au fruitier réclamer l'aide d'une compagne pour porter un « brasier » au réfectoire : « Eh ! pauvre Sœur, lui dit une religieuse fort pressée de travail, au lieu de venir jusqu'ici, n'auriez-vous pas plus tôt fait de le porter vous-même ? – C'est vrai, ma sœur, répondit sœur Marie-Marthe, mais il veut comme ça. »

« Mais enfin, comment faites-vous pour savoir toujours où nous sommes ? », demandèrent à une autre occasion, non sans quelque impatience, les travailleuses. « C'est mon bon ange qui m'a conduite », répondit-elle cette fois-là.

Le but de Notre-Seigneur était de préserver sa chère religieuse de toute atteinte d'orgueil, et par là même de rassurer les guides de son âme : « *Tout ceci doit bien prouver à tes supérieurs que ce qui se passe en toi vient de Dieu, car, de toi-même, tu es bien imparfaite.* » Dieu l'aidait à demeurer dans l'humilité et dans l'oubli d'elle-même.

Les grâces particulières

Toute la vie de Marie-Marthe était vouée à la grande cause de Dieu : l'Église et son pasteur. *« Ma fille, offre mes divines Plaies à mon Père éternel parce que de là doit venir le triomphe de mon Église, lequel passera par les mains de ma mère immaculée. »*

Malgré son ignorance, Dieu lui donnait de lire dans l'avenir.

On sait qu'à l'époque des grandes difficultés du pape Pie IX, spécialement de 1866 à 1870, sœur Marie-Marthe, sans être au courant des événements, les vivait dans son cœur auprès du tabernacle. Or, le jour même de la bataille de Mentana, elle apprit le succès des troupes pontificales (auquel, disait Jésus, avaient contribué les invocations aux saintes Plaies). Elle en fit part à sa supérieure qui en eut, par la suite, confirmation au parloir.

Par ailleurs, la mort du pape lui fut annoncée, dès le 15 janvier 1878, par une vision mystérieuse dont elle ne comprit pas alors le sens. Les manuscrits fournissent le texte suivant :

« Une grande procession de saints pontifes, venue du ciel, y retournait, conduisant au céleste séjour un saint revêtu d'une robe d'or d'un éclat extraordinaire. Ce dernier demeura pourtant à la porte du paradis, tandis que les autres pontifes disaient à notre sœur : ‹Nous le laissons encore, mais bientôt il sera des nôtres.› Après quoi, ils disparurent dans la gloire.

«Chaque jour, elle avait la même vue, et comme toute sa crainte était que Dieu rappelât à lui notre digne aumônier, Monsieur Bouvier, alors souffrant, elle s'imagina que c'était l'annonce de sa mort.

«Le 29 janvier, elle comprit que, bientôt, la glorieuse troupe des pontifes reviendrait chercher leur saint ami.

«Enfin, le 9 février, pendant le chemin de la croix fait pour notre saint père le pape Pie IX, l'âme de cet auguste défunt apparut, toute glorieuse, à sœur Marie-Marthe, qui reconnut alors celui que Dieu lui avait montré vêtu d'or à la porte du paradis. Il était allé droit au ciel, par les mérites des saintes Plaies de Jésus.»

En ce qui concerne la France, sœur Marie-Marthe connut d'avance la guerre de 1870 : «*Je veux faire fondre le monde*», lui avait dit, entre autres choses, Notre-Seigneur au mois de mai. La supérieure, ne comprenant pas ce mot, s'était dispensée de le noter. Quelques semaines plus tard, Notre-Seigneur revint à la charge : «*On n'a pas écrit cette parole, je veux qu'elle le soit.*» Puis, au mois d'août, il en expliqua clairement la signification.

Dès le 21 janvier 1871, elle apprenait les horreurs de la Commune : «*Il y aura des massacres de prêtres, de religieux. Je ne permettrai pas que cela arrive dans ton pays.*»

À cette même époque, les mères du monastère songèrent à exiler leurs sœurs pour les mettre à l'abri. La Visitation de Turin était un des lieux retenus et devait recevoir un certain nombre des religieuses de Sainte-Marie.

Or, le 24 février 1903, sœur Marie-Marthe, abordant mère Jeanne-Marie-Anne d'un air peiné et préoccupé, lui dit : «Ma mère, il se passe quelque chose de grave du côté de Turin!...» Le lendemain, il arrivait une dépêche annonçant la mort de mère Thérèse-Angélique Crotti de Castiglione et, peu après, la nouvelle que, pour diverses raisons indépendantes de leur bon vouloir, les sœurs du monastère d'Italie ne pouvaient plus offrir l'hospitalité promise et qu'il fallait chercher ailleurs un endroit de sécurité.

En ce qui concerne l'histoire de la communauté, sœur Marie-Marthe semblait parfois «lire dans les consciences». Sa supérieure écrit à un moment : «Nous croyions distinguer chez une sœur trois points auxquels elle devait s'appliquer. Nous en signalâmes deux, n'osant encore attaquer le troisième. Le lendemain matin, notre chère privilégiée vint avec humilité nous relever cette abstention : ‹Ma mère, Notre-Seigneur dit que, chez ma sœur N..., il y a trois points auxquels il faut qu'elle s'applique.› Je demeurai stupéfaite.»

C'était parfois l'âme de la supérieure elle-même qui devenait, pour sœur Marie-Marthe, transparente comme un cristal : «Ma mère, notre bon Maître m'a dit de prier pour vous parce que vous êtes aujourd'hui dans telle disposition.» Ou encore : «Ma mère, votre charité est impressionnée par telle et telle chose...

Notre-Seigneur n'est pas content.» «Et toujours ce que nous disait notre bien-aimée sœur était parfaitement exact. N'ayant communiqué à personne mes dispositions intérieures, je ne pouvais méconnaître que Dieu les avait révélées lui-même à notre enfant! Et ceci est arrivé nombre de fois.»

La servante de Dieu lisait aussi, pour certaines choses, au livre de l'avenir. Ainsi, elle était généralement avertie de la mort plus ou moins prochaine des religieuses. C'était alors le secret des supérieures.

Un mois avant la mort de sœur Marie-Justine Gojon, décédée le 9 décembre 1866, Notre-Seigneur avertit sœur Marie-Marthe qu'il avait dessein de la rappeler à lui. «*Demande-moi*, lui dit-il, *que je n'entre pas en jugement avec elle.*» Puis, il lui montra, dans tous ses détails, une circonstance de la vie de cette religieuse où, étant économe, elle avait été trop dure envers le prochain. Il y avait vingt-cinq ans que la chose s'était passée et seule, dans la maison, sœur Marie-Alexis connaissait le cours de cette affaire. Sœur Marie-Marthe indiqua l'année, nomma les personnes, etc., à la stupéfaction de sa maîtresse. Elle souffrit beaucoup les jours qui précédèrent la mort de sœur Marie-Justine. Pour consoler son épouse, le divin Maître lui montra alors cette âme montant au ciel, toute purifiée et glorieuse. Peu après, la défunte vint elle-même remercier sœur Marie-Marthe de ses prières et des souffrances endurées à son intention.

Les lumières de sœur Marie-Marthe s'étendirent même aux membres de sa famille.

En 1880, la mort du plus jeune de ses frères lui fut annoncée d'une manière étonnante. Il se préparait, lui semblait-il, un splendide festin de noces auquel prenait part un grand nombre de convives. Le maître de la maison distribuait un pain d'une blancheur parfaite et d'une saveur exquise. « Il ne se fait point sur la terre de noces semblables à celles-ci », lui dit-il, et il l'invita à préparer elle-même chaque morceau.

À peu de jours de là, sœur Marie-Marthe apprit le décès de ce frère dont l'âme bienheureuse lui apparut aussitôt : « C'était moi l'invité aux noces que tu devais préparer par tes prières et tes souffrances. Pourtant ma vie fut conforme à la sainteté ; j'ai accompli mes devoirs de chrétien et n'ai point tenu aux biens de la terre... Ma tâche est finie, je suis allé tout droit au ciel... Pour toi, il faut que tu souffres encore et que tu remplisses jusqu'au bout la volonté de Dieu : tu es choisie d'en haut pour accomplir des desseins inconnus. »

L'année suivante, ce fut le tour de son père. Sœur Marie-Marthe le savait malade et demandait à Dieu son rétablissement, si telle était sa volonté. « Laisse-le venir, c'est le moment », lui dit une voix intime qui lui sembla être celle de ses frères et sœur du ciel. « Quand même on t'annoncera qu'il va mieux, ne le crois pas. » Le 2 janvier 1882, après la communion, elle entendit la voix de son père lui-même : « Tu ne me verras plus, frais, rouge et bien portant !... Mon corps est en ce moment pâle et glacé. »

Comme elle doutait que ce fût vraiment la voix de son père, on sonna à la porte. « C'est pour toi... on vient t'annoncer ma mort ! » C'était bien pour elle. Son frère aîné la demandait pour lui communiquer la triste nouvelle. Sœur Marie-Marthe en eut un indicible chagrin, écrit sa supérieure, mais fut bientôt consolée, car l'âme du défunt lui dit : «Je suis bien heureux. Je suis chargé de mérites et de richesses par les saintes Plaies de Jésus!...» Notre-Seigneur avait dit un jour à sa servante : «*Une religieuse qui va dans l'autre monde sans avoir obtenu le salut de tous ses parents n'a pas fait sa tâche.*»

Les épreuves

Diverses épreuves traversèrent la vie de sœur Marie-Marthe.

Une de celles-ci – et non la moins douloureuse – fut la crainte d'être le jouet du démon.

Les personnes privilégiées n'ignorent pas que le démon peut se transformer en ange de lumière pour les conduire à l'erreur ou à l'orgueil. Par ailleurs, l'humilité leur défend de se croire l'objet des prédilections du Très-Haut. Cette double épreuve, dont Notre-Seigneur ne voulut jamais la délivrer complètement, fut une souffrance difficile pour sœur Marie-Marthe.

Après une nuit où l'angoisse et la lutte l'avaient mise totalement à bout, Jésus lui dit : «*C'est moi qui suis la Force, je te la communiquerai... Je suis satisfait de tes souffrances.*» Elle se trouva aussitôt fortifiée et alerte au travail.

Depuis lors, assure la supérieure, la peine subsiste encore, mais elle n'est plus aussi profonde qu'au début ; elle reste à la superficie de l'âme. Mais dans l'intime, il ne sera plus possible à la religieuse de douter que Dieu la conduit.

Le divin Maître ne manqua pas de faire passer son épouse par cette autre épreuve terrible à l'amour : l'absence.

L'abbé Baudrand écrivait dans *L'Âme intérieure* que c'était bien «une présence continuelle de Dieu que la peine continuelle de ne pas l'avoir présent». Sœur Marie-Marthe savait cela mieux que tout autre peut-être. Mais la connaissance n'exempte pas de la souffrance et cette épreuve la jetait dans une véritable agonie.

L'absence de Jésus était parfois la punition d'une légère infidélité. En revenant, Jésus apportait alors le pardon et la joie: *«J'ai tout purifié en toi par ce délaissement.»*

D'autres fois, l'amour seul en était l'auteur: *«L'amour rend les amants conformes.»* *«Ma fille, j'ai pleuré au jardin des Oliviers et sur la croix, dans mon grand délaissement»*, lui disait-il, après être resté plusieurs jours sans répondre à ses prières et à ses larmes. La même leçon lui fut répétée par la Vierge Marie: «Je viens t'annoncer le délaissement de Jésus, afin que tu participes à son délaissement sur la croix, lorsqu'il fut abandonné par son Père.»

Jésus voulait entraîner sa servante au parfait dégagement intérieur. Une fois, il la laissa quinze jours consécutifs dans un délaissement absolu. Peu habituée à cette conduite, sœur Marie-Marthe faisait pitié à voir. La parole qu'elle avait dite à sa supérieure peu auparavant: «Quand Dieu veut faire souffrir une âme, rien ne peut la soulager», trouvait en elle son entier accomplissement.

Une autre épreuve, celle-là commune à tous les humains, provenait des tentations et des réclamations de leur nature déchue. Dans le cas de sœur Marie-Marthe, le démon venait tourner en dérision ses pratiques de piété, notamment l'offrande des saintes Plaies. Parfois il cherchait à l'empêcher d'accomplir son devoir : « Ne retourne plus à ton emploi, tu t'y damneras. » Il l'inquiétait au sujet de sa santé pour l'empêcher de rendre service : « Ne va plus au jardin, ta santé s'y détraquera. » Ou alors, c'étaient des pensées de découragement, des excitations au mécontentement : « Demande du repos. Ta mère est dure pour toi. » Ou des suggestions contre la foi : « À quoi servent les communions ? » Un jour, à cinq reprises, il vint sous une forme corporelle, se tenant à distance et répétant : « Il n'y a point de Dieu !... À quoi bon les prières puisqu'il n'y a point de Dieu... » Sœur Marie-Marthe protesta alors avec force : « Je crois qu'il y a un Dieu et qu'il est mon Époux !... Il est mon Époux !... Il est ma nourriture... » À cette réponse, le démon s'en alla en fumée.

Un soir où l'angoisse de la religieuse était plus poignante, elle se tourna vers Notre-Seigneur : « Serait-il possible, ô mon bon Maître, qu'un cœur qui vous aime tant, qui parle si souvent avec vous, qui s'unit à vous par la communion journalière périsse ? »

À peine avait-elle formulé cette amoureuse plainte que la tentation s'évanouit et la voix de Jésus se fit entendre : *« Non, ma bien-aimée, tu seras là pour le temps et pour l'éternité. Tous ceux qui m'ont aimé et qui ont vécu comme toi sont maintenant en paradis avec moi. »*

Au milieu de ces combats, sœur Marie-Marthe résistait donc avec toute la vaillance de sa foi et de son amour. S'il y eut des heures particulièrement pénibles, Jésus intervenait pour soutenir sa faiblesse, l'encourageant de la voix ou lui donnant le réconfort de sa

présence : «*Viens, mon enfant, cache-toi dans mon Cœur.
C'est là que ma mère a puisé son humilité.*» «*Suis les exemples d'humilité que je te donne par mon enfance et tu vaincras le démon.*»

Il lui rappelait qu'elle souffrait pour les âmes : «Ma bien-aimée, si je te fais souffrir sans relâche, c'est que les méchants, eux non plus, ne dorment pas.»

Parfois, il lui fit même connaître le prix de ces souffrances crucifiantes. C'est ainsi qu'au début de l'été 1869 elle apprit d'avance la maladie, puis la mort d'un monsieur de la paroisse qu'elle nomma à sa supérieure et pour le salut duquel Notre-Seigneur avait permis qu'elle passât par un véritable martyre. Cet homme vint la remercier : «C'est pour moi que vous avez tant souffert. Le démon enrageait de me perdre. Je vous dois mon salut : ma place était en enfer et je suis au ciel, par les mérites des Plaies de Jésus que vous avez invoquées pour moi.» Les détails de cette mort purent être vérifiés et s'avérèrent parfaitement exacts.

Les extases

On connaît les consolations spirituelles et les joies intimes de sœur Marie-Marthe. On a lu les pages délicieuses ou émouvantes que remplissent les visites de Jésus-Enfant, les appels de Jésus crucifié, les entretiens avec Dieu le Père, les encouragements de la Vierge Marie et des saints.

Toutes ces faveurs laissaient habituellement sœur Marie-Marthe maîtresse d'elle-même, libre de vaquer à ses occupations, les yeux intérieurement fixés sur la vision céleste.

Mais il lui arrivait aussi de se voir comme entièrement absorbée en Dieu et privée de l'usage de ses sens extérieurs : c'était l'irrésistible attraction divine et, peut-être, l'extase. Le plus souvent, la cause en était l'apparition de Notre-Seigneur dans un état de gloire extraordinaire. Sœur Marie-Marthe vit-elle réellement le divin Maître de ses yeux corporels ?

« On nous avait bien défendu de la questionner, dit à ce sujet une de ses compagnes, mais, un jour, je n'y ai pas tenu, et je lui ai dit : ‹ Ma sœur Marie-Marthe, vous voyez Notre-Seigneur, n'est-ce pas ?... › ‹ Non, je ne le vois pas, mais c'est comme si je le voyais ›, m'a-t-elle répondu. »

Pourtant, il lui sembla quelques fois que ses yeux avaient la vision de l'humanité sainte de Jésus. On trouve dans ses relations des expressions comme celles-ci, marquant la différence : « Je vis des yeux de l'âme », ou bien, très rarement : « Cette fois, je l'ai vu des yeux du corps. »

« Le 22 avril 1871, dès l'aube, notre chère enfant s'est trouvée fortement attirée à son Dieu. Elle voyait Notre-Seigneur et, quand vint le moment de la communion, s'entendit appeler par lui : ‹ Viens vite, mon épouse ! › Ces paroles la transportèrent... La matinée se passa dans l'union la plus intime et la plus sensible. Pendant le chapitre de ce jour, après avoir dit ses coulpes, elle perdit l'usage des sens et s'affaissa. Au bout de deux heures, elle revint à elle comme une personne qui s'éveille d'un profond sommeil.

« Interrogée par nous, elle répondit en peu de mots qu'elle avait vu Notre-Seigneur avec ses Plaies glorieuses... ‹ Oh ! quand est-ce que nous les verrons au ciel ?› Et s'adressant à la mère supérieure : ‹Je ne puis plus me tenir debout... Les forces me manquent pour soutenir la vue de mon bon Maître. Il se penche vers moi et me regarde avec un si grand amour !›»

Cependant le Sauveur lui rendit assez de force pour supporter sa présence, dont elle continua à jouir tandis qu'elle reprenait son travail ordinaire.

Les mères notent encore : «Le 20 juin de la même année, la communauté, réunie au pied de l'oratoire dédié au Sacré-Cœur, faisait la neuvaine préparatoire à la fête. Notre-Seigneur apparut de nouveau à son humble servante avec ses Plaies, rayonnant d'une telle gloire qu'elle perdit aussitôt tout sentiment et tomba à terre. On dut la transporter sur son lit. Elle avait un visage coloré et tout céleste. Plusieurs de nos sœurs, la croyant malade, vinrent la visiter et la trouvèrent ainsi. Elle demeura plus de quarante-huit heures sans donner aucun signe de connaissance. Elle se réveilla sans se douter de la durée de son sommeil et, quoique bien faible, elle retourna à ses occupations sans avoir pris ni boisson ni nourriture.»

Sœur Marie-Marthe, tout en perdant la sensation de ce qui l'entourait, ne tombait pas habituellement en faiblesse. Elle demeurait, à l'ordinaire, immobile et à genoux au pied du saint sacrement des heures ou des nuits entières. Elle se tenait les mains jointes, les yeux fermés, sans tousser même au fort de ses plus grands rhumes, sans bouger.

C'est ainsi que parfois, durant le temps des vacances du pensionnat et des retraites, plus particulièrement, on la retrouvait au chœur à une heure de l'après-midi, continuant l'action de grâces de la sainte communion. À la fin d'une année, ce fut au matin de Noël, ayant été *enfermée* après la messe de minuit [1].

Le désir du ciel

Dans certaines pages des manuscrits, on remarque chez sœur Marie-Marthe des sortes de visions sur l'au-delà glorieux. On y note le désir assoiffé de la patrie céleste, et déjà une communion anticipée au bonheur des élus.

« *La terre n'est rien, ma fille,* disait à son épouse le Seigneur Jésus, *la terre tout entière n'est que néant... regarde le ciel ! Le ciel est seul digne de tes désirs !...*

« *Rappelle-toi ta demeure et n'oublie pas que tu appartiens à la grande famille du ciel. Il faut toujours avoir les yeux sur ton néant et ton cœur au ciel.* »

Éclairant sa servante sur les fins dernières, il lui expliqua un jour la séparation de l'âme et du corps :

« *L'âme retourne à Dieu qui est son principe. Le corps retourne aussi à son principe, c'est-à-dire à la terre. Ce corps deviendra glorieux à la résurrection en vertu des mérites de Notre-Seigneur Jésus-Christ.*

« *Alors je le ressusciterai par ma toute-puissance et les âmes seront heureuses de partager leur bonheur avec les inséparables compagnes de votre vie terrestre.*

« *Vous ne faites pas assez grande fête le jour de votre mort ! C'est ce jour-là que vous recueillerez ce que vous aurez semé.* »

---

1   La religieuse chargée de fermer le chœur était avertie de ne pas se préoccuper de la présence de sœur Marie-Marthe : il fallait respecter ce qu'elle vivait.

Il faut noter que sœur Marie-Marthe n'avait pas toujours l'impression que son esprit se trouvait emporté sur les hauteurs ; c'est parfois le ciel qui lui semblait descendre sur la terre.

Tantôt Jésus se présentait seul, tantôt il apparaissait environné de sa cour. Ainsi, «le 4 avril 1869, lit-on dans les manuscrits, Jésus-Enfant vint visiter la religieuse avec un cortège de saints, parmi lesquels elle distingua les saints fondateurs de la Visitation, saint Bernard, sainte Claire, etc. Chacun lui disait son nom et sœur Marie-Marthe leur parlait tout simplement comme une enfant.»

Les élus entretiennent avec leur protégée des rapports privilégiés, surtout au jour de leur fête.

C'est ainsi que, le 4 octobre 1867, saint François d'Assise, lui apparaissant «comme une copie vivante de Notre-Seigneur», l'encouragea à contempler en elle-même les Plaies de son Époux crucifié.

Quant aux Visitandines du ciel, on sait que sœur Marie-Marthe put souvent les entendre. Les religieuses de la communauté, heureuses bénéficiaires de la dévotion aux saintes Plaies et des immolations de leur sœur, se plaisaient à lui faire part de leur bonheur : «J'avais choisi Jésus pour l'unique objet de ma joie, disait l'une d'entre elles. C'est lui qui a fait toute ma perfection, c'est lui qui fait ma couronne.»

Sœur Marguerite-Marie Alacoque déclara un jour à sa petite sœur de la terre : «Votre martyre, sur cette terre, sera la crainte d'être trompée et la vue du ciel qui vous est souvent donnée. Ces deux choses vous feront souffrir plus que quoi que ce soit au monde !»

Les dernières années
et la mort

Le 30 décembre 1887, mère Thérèse-Eugénie, supérieure de la communauté, mourait presque subitement. Les sœurs entouraient le lit en pleurant : « Notre mère est morte. »

Le 4 janvier 1888, mère Jeanne-Marie-Anne Spinella, ancienne compagne de noviciat de sœur Marie-Marthe, reçut la charge du monastère. Six ans plus tard, en 1894, mère Jeanne-Françoise Breton lui succédait, et, jusqu'en 1917, ces deux religieuses alternèrent dans la responsabilité de la communauté.

Ces deux nouvelles supérieures n'eurent pas une connaissance précise des grâces dont Notre-Seigneur avait comblé sa servante.

En effet, regardant comme confidentiels les cahiers relatant ces grâces, mère Marie-Alexis les avait remis, après la mort de mère Thérèse-Eugénie, à l'abbé Collonge, le nouvel aumônier. Ce dernier les conserva jusqu'au décès de sœur Marie-Marthe.

Mère Marie-Alexis mourut à son tour, en 1893. Une des consolations de sœur Marie-Marthe avait été d'entourer de ses attentions, pendant quelques années, celle qui fut sa dernière confidente.

Au cours des heures suivant le décès de mère Marie-Alexis, sœur Marie-Marthe, si sensible d'ordinaire en des occasions de deuil, parut toute paisible au milieu de la tristesse générale du monastère. Elle avait l'intime conviction du bonheur éternel de l'ancienne mère. Son assurance était si visible qu'une des religieuses, n'y tenant plus, finit par lui demander : « Mais enfin, dites-moi, l'avez-vous vue ? – Eh bien ! oui », avoua-t-elle ; et, désignant une place de son petit domaine : « Je l'ai vue là, mais vous n'en saurez pas davantage. »

Sœur Marie-Marthe avait maintenant cinquante-deux ans et une nouvelle étape commençait pour elle.

À sa demande instante, Notre-Seigneur avait promis le silence sur les faveurs dont il la comblait ; un voile toujours plus impénétrable la tiendrait cachée. Durant cette dernière période, rien ne parut à l'extérieur des grâces extraordinaires dont elle fut favorisée ; rien, sauf les longues heures où elle demeura auprès du saint sacrement, immobile, insensible, comme en extase. Prière continuelle, travail, mortifications, silence, effacement absolu : telle fut toujours sa vie.

Mère Jeanne-Françoise Breton écrit dans l'abrégé inédit de la *Vie de sœur Marie-Marthe* :

« Peu après notre première élection (1894), cette sœur nous aborda avec respect et humilité : ‹ Ma mère, nous dit-elle, le bon Dieu dit qu'il peut faire une supérieure d'*un bâton sec*. › Nous ne pûmes nous empêcher de sourire de cet encouragement inattendu, mais si plein d'à-propos, et d'admirer la parfaite simplicité avec laquelle il nous était présenté. »

Lorsqu'en 1904 le pensionnat disparut, ce fut un coup pour sœur Marie-Marthe. Pendant près de quarante ans, elle avait dépensé toutes ses forces et tout son dévouement au service des jeunes élèves. Maintenant, les enfants allaient lui manquer beaucoup.

Et puis, le passage des religieuses exilées, les menaces sous lesquelles toutes vivaient, les préparatifs que l'on dut faire au monastère en vue d'un départ éventuel brisaient son cœur, d'autant plus que Jésus paraissait muet à toutes ses demandes.

Lorsque des compagnes la pressaient de leur dire si elle savait quelque chose des desseins de la providence à l'égard de la communauté, elle n'avait jamais qu'un mot : « Il ne dit rien ! ... »

Connaissant toutes les assurances données autrefois à ses supérieures et aussi les menaces de Jésus de ne point tenir ses promesses *si l'amour venait à se ralentir »*, sœur Marie-Marthe vivait dans l'angoisse. Elle redoubla alors de fidélité à « sa tâche », c'est-à-dire à l'offrande des divines Plaies de Jésus pour la communauté et les âmes. Jusqu'à sa mort, les dernières années surtout, toute sa vie spirituelle sembla se tenir là : « J'ai fait ma tâche », disait-elle à chaque reddition de comptes.

Elle vieillit beaucoup à cette époque, mais sans ralentir son zèle pour la prière et pour le travail, malgré des infirmités croissantes.

On relate qu'aux jours où ses jeunes nièces venaient la voir au monastère la pieuse tante n'avait qu'une recommandation sur les lèvres: «Voyez-vous, mes petites, il faut toujours prier. En chemin, il faut prendre votre chapelet et le dire. Quand vous allez aux champs, il faut offrir votre travail au bon Dieu; comme cela, il n'y a rien de perdu.» Et après quelques paroles d'édification, elle les congédiait: «Maintenant, je ne sais plus quoi vous dire.»

Au cours des derniers temps de sa vie, il fallut du courage à sœur Marie-Marthe pour venir à bout de sa besogne, même simplifiée. Les balayages et la cueillette des légumes et des fruits constituaient encore son lot de besogne, mais la religieuse réussissait à faire de tout une élévation, une prière... «un rite d'éternité dans le temps provisoire», dirait le père Sertillanges. «C'est la pensée chrétienne», écrivait ce dernier dans *La Vie en présence de Dieu*: «Faire de tout une élévation... mener une vie qui ressemble à une solennité.»

Sœur Marie-Marthe sut mener une vie qui ressembla à une solennité. Et jusqu'à la fin, Jésus-Christ la bénit, veillant affectueusement à tout ce qui lui était confié.

C'est ainsi que les fraisiers, entre autres, fructifièrent étonnamment. Lorsque la fermeture du pensionnat obligea les religieuses à chercher quelques ressources dans les produits de leur enclos, «les fraises de sœur Marie-Marthe» furent très appréciées.

C'est ainsi que, dès quatre heures du matin, on pouvait la voir courbée jusqu'à terre, malgré ses jambes enflées et rhumatisantes, pour cueillir les fraises dont elle remettait, avant six heures, une énorme quantité à la sœur économe. Les personnes amies, à qui elles étaient vendues, leur trouvaient un goût exquis de fraises des champs... Parfois on l'entendait s'entretenir avec un être invisible, et le soin extraordinaire, religieux même, qu'elle mettait à sa cueillette prouvait bien que c'était le don de Dieu qu'elle voyait en chacun de ses fruits.

Mais l'heure dernière approchait pour celle qui aimait tant parler à Dieu.

La mort

Lors de la grande sécheresse de 1906, sœur Marie-Marthe sembla comme écrasée sous le poids de la justice de Dieu : « Le bon Dieu est bien mécontent, il est bien fâché », confia-t-elle à sœur l'assistante. « Ne voyez-vous pas comme il punit ?... Ah ! qu'il est fâché contre les hommes !... Ils font tant de mal !... – Ma sœur, répliqua celle-ci, voit toujours Notre-Seigneur irrité... Mais n'est-il pas surtout bon et miséricordieux ?... – Oh ! oui, il est bon... mais on l'offense tant !... Notre-Seigneur a tant souffert pour eux : maintenant, il punit. Je prie bien toujours pour qu'il pardonne ; mais je ne suffis pas... il faudrait que tout le monde prie... »

Pendant sa dernière nuit de Noël passée sur la terre, Jésus semblait l'avoir avertie de son prochain départ de ce monde, et, en même temps, des souffrances qu'il voulait lui demander encore.

Une sœur, près d'elle, l'entendit s'écrier avec angoisse : « Oh mon Jésus, pas cela !... tout, oui, tout, mais pas cela !... » – « Cela ! ce devait être la maladie pénible, douloureuse... » Cela ! ce devait être surtout la solitude intérieure, l'absence du bien-aimé Sauveur...

Elle, habituée à sa chère présence, à sa conversation quotidienne, ne pouvait, sans un déchirement affreux, en accepter la privation ! À partir de ce jour, on remarqua une tristesse profonde chez sœur Marie-Marthe.

Ses forces déclinèrent visiblement, et on lui eût donné beaucoup plus que son âge. L'hiver fut très froid, cette année-là. Mais, habituée à ne jamais se plaindre, et bien que ses jambes eussent enflé considérablement et qu'une grosse toux la fatiguât jour et nuit, elle continuait son ouvrage. Durant la mauvaise saison, on ne s'effrayait pas d'un rhume. Le meilleur remède, selon elle, était de parcourir le jardin, même couvert de neige, à la recherche de quelque plante potagère.

Cependant, la souffrance augmentant toujours, elle dut se rendre à l'infirmerie. Le médecin constata un cas d'albuminerie avec de graves complications. Dès le lendemain, elle eut le pressentiment de sa fin prochaine et demanda les derniers sacrements. C'était le 13 février 1907, second jour des Quarante-Heures.

Un douloureux calvaire lui restait à gravir : cinq semaines de suprêmes purifications pendant lesquelles son Sauveur l'associa plus que jamais aux agonies physiques et morales de sa Passion.

L'enflure et l'oppression ne lui laissaient pas de position supportable. Les remèdes ordonnés pour prolonger sa vie ne servaient qu'à augmenter ses souffrances tandis qu'elle semblait en proie à un délaissement intérieur plus dur et plus prolongé qu'elle ne l'avait encore connu.

Cependant les grâces spirituelles lui étaient extérieurement prodiguées. Notre-Seigneur venait, chaque matin, la fortifier dans la communion. Chaque soir le prêtre confesseur la réconfortait d'une visite.

Ses compagnes sentaient qu'il y avait quelque chose de mystérieux dans cet ultime combat de la nature. Un douloureux silence planait autour de la malade. C'est à peine si elle communiquait avec celles qui venaient la veiller ou la visiter. Par ailleurs, le désir de la mort paraissait bien loin de son cœur, car elle écartait tout ce qui aurait pu lui en rappeler le souvenir.

Mais bientôt son silence devint une sorte de demi-somnolence. Sœur Marie-Jacqueline, sa jumelle de profession, aide à l'infirmerie, passa près d'elle toutes ses journées, autant du moins que lui permirent ses propres infirmités, l'entourant de soins dévoués lorsque l'infirmière devait s'éloigner.

Tous les matins, les religieuses allaient se rendre compte si elle était capable de recevoir la communion. Plusieurs fois, pendant la dernière semaine, il fallut y renoncer.

Les trois derniers jours furent déchirants. Sans cesse elle appelait Notre-Seigneur : «Mon Tout ! Mon Tout !... venez ! venez ! mais venez vite !...»

Depuis quelque temps l'enflure générale l'obligeait à rester dans un fauteuil. On dut l'y attacher, car elle glissait sans cesse en avant. Cela faisait vraiment pitié de la voir ainsi, sans une minute de repos, ni le jour ni la nuit.

Notre-Seigneur vint encore la visiter, mais elle ne cessait de le supplier, au moment même de l'action de grâces : « Mon Bien-Aimé !...Mon Bien-Aimé !...»

On finit par l'étendre sur une simple paillasse, et, dès lors, elle put se reposer un peu.

La nuit du mercredi au jeudi 21 mars fut terrible. Ses cris ininterrompus : «Ma mère, au secours !... au secours !...» déchiraient tous les cœurs. Ils ne cessèrent qu'au matin. Ses compagnes restèrent persuadées que, dans cette lutte suprême avec l'ennemi, la Vierge Marie l'avait enfin rendue victorieuse.

L'aumônier redonna plusieurs fois à la mourante la grâce de l'absolution. Aucun signe de connaissance ne parut sur son visage, mais ses traits, naguère contractés par la souffrance et l'angoisse, se détendirent.

Des milliers de fois, peut-être, la communauté redit cette invocation : «Mon Jésus, pardon et miséricorde par les mérites de vos saintes Plaies», qu'elle avait elle-même tant de fois répétée en faveur de ses compagnes mourantes.

Vers huit heures du soir, le dernier soupir fut si paisible que les religieuses ne purent s'en apercevoir. Et tandis qu'elles continuaient à entourer de leurs prières la dépouille de la bien-aimée, son âme s'était trouvée transportée au paradis.

Un air de jeunesse vraiment extraordinaire se répandit sur les traits de la servante de Dieu peu après son décès, et son visage rayonna d'une distinction et d'une noblesse jamais remarquées de son vivant. Nulle trace de corruption ne parut sur ce corps que la

Sœur Marie-Marthe Chambon sur son lit de mort (22 mars 1907).

gangrène avait marqué depuis plusieurs jours de taches livides.

Suivant la coutume de l'ordre, on revêtit la sœur de l'habit religieux et on plaça une couronne de roses blanches sur le voile noir. En prévision de l'avenir, l'état civil de la défunte, enfermé par mère Jeanne-Françoise Breton dans une boîte de fer du sceau du monastère, fut déposé sur le corps pour en permettre l'identification.

Dans la tombe découverte et entourée de fleurs blanches, la servante de Dieu resta exposée au chœur jusqu'au moment des funérailles, qui eurent lieu le 23 mars au matin. Depuis plusieurs années, les religieuses ne pouvaient plus conserver, en leur petit cimetière, les restes de leurs compagnes défuntes. C'est donc avec une émotion toute particulière qu'elles virent le cercueil franchir la porte de clôture et la cérémonie funèbre se dérouler dans leur chapelle extérieure [1].

Le corps de sœur Marie-Marthe fut inhumé au cimetière de la ville. C'est là qu'il devait demeurer dix années, jusqu'en mai 1917. Les différentes concessions que détenaient la communauté touchant à leur fin, les religieuses obtinrent, à cette date, l'autorisation de ramener au monastère les sœurs décédées depuis 1901.

Le cercueil de la servante de Dieu, placé dans un endroit humide, était à peu près consumé, ainsi que

---

1   Monsieur l'abbé C., assistant, en qualité de vicaire de la paroisse, aux obsèques de sœur Marie-Marthe, a gardé le souvenir de la parole que lui dit alors M. Collonge, l'aumônier de la communauté : « Cette sœur fera parler d'elle un jour. »

les chairs. Le squelette et les vêtements n'avaient pas subi d'altération notable.

Les restes de sœur Marie-Marthe, placés à part dans un nouveau cercueil, furent déposés dans le cimetière de la communauté.

Après la mort

Après la mort de sœur Marie-Marthe, les manuscrits relatifs à ses grâces passèrent des mains de l'aumônier de la communauté à celles de mère Jeanne-Françoise Breton. À peine celle-ci en eut-elle parcouru quelques pages qu'elle comprit la valeur du trésor confié, et sentit naître le désir de communiquer à l'institut les richesse spirituelles contenues en ces précieux mémoires.

Suivant l'usage établi par les saints fondateurs, mère Jeanne-Françoise entreprit de rédiger l'*Abrégé de la vie et des vertus de notre chère sœur Marie-Marthe Chambon*. Toutefois, les circonstances imposant une prudente réserve, la religieuse se contenta d'envoyer aux monastères le court article nécrologique du livre des vœux, en les invitant à redire souvent : « Seigneur, daignez glorifier votre servante qui vous a glorifié par son humilité et par son zèle à faire valoir avec tant d'amour les mérites de vos saintes Plaies ! »

Pendant quinze ans, l'ombre qui fut ici-bas la compagne de sœur Marie-Marthe sembla vouloir l'envelopper encore. Puis, un jour, subitement, une notice mit en lumière la dévotion aux saintes Plaies et l'humble apôtre à qui le Sauveur crucifié avait confié la mission de la répandre.

En 1915, en effet, le monastère eut un nouveau supérieur en la personne du chanoine Maillet, alors vicaire général du diocèse. Précédemment confesseur extraordinaire de la communauté depuis 1895 et ami intime du chanoine Collonge, il avait connu sœur Marie-Marthe. C'est à lui que l'*Abrégé* de sa vie et les manuscrits furent remis. Après lecture, il affirma : «Tout est conforme à la plus saine doctrine. Je n'y ai rien trouvé de contraire aux enseignements de l'Église.» Il engagea vivement les religieuses à mettre au jour le récit des grâces accordées à leur sœur. L'évêque de Chambery, Monseigneur Dominique Castellan, se montra lui aussi favorable à ce dessein ; on en parla vaguement comme un projet qui n'allait pas sans présenter de sérieuses difficultés.

Les choses en étaient là lorsque, la conversation tombant un jour sur le «silence» gardé de là-haut par la défunte, sœur Jeanne-Marie-Anne Spinella dit en souriant : «Quand je serai au ciel, j'irai ‹remuer› sœur Marie-Marthe.» C'était en 1922, quelques semaines avant sa mort. Or, peu après le décès de cette dernière, mère Jeanne-Françoise se sentit fortement inspirée de réaliser l'un des derniers désirs de la regrettée sœur : la demande de l'extension au monde entier de l'indulgence accordée aux invocations des saintes Plaies.

Les démarches à faire et la nécessité d'éclairer les supérieurs ecclésiastiques du diocèse sur l'origine des deux prières déterminèrent la rédaction de la notice : *Sœur Marie-Marthe Chambon et les saintes Plaies de Notre-Seigneur Jésus-Christ.*

À partir de ce moment là, la dévotion franchit les murs des monastères, traversant frontières et océans.

Chapelle de Notre-Dame-des-Sept-Douleurs. À gauche, la dalle qui recouvrait les restes de sœur Marie-Marthe Chambon. Ceux-ci reposent désormais à la Visitation de Saint-Pierre d'Albigny (73250 France – Savoie).

C'était un renouveau de la dévotion à la Passion du Sauveur; la «mission» de sœur Marie-Marthe s'accomplissait.

Éveillé par la lecture de la notice, on voulut connaître davantage la privilégiée de Jésus, instrument de la miséricorde divine. Dès lors, l'exhumation des restes de la servante de Dieu parut s'imposer à la communauté.

Le 31 janvier 1924, on retrouva le cercueil entier et fermé, la presque totalité des ossements ainsi qu'une partie des vêtements.

Après leur reconnaissance médicale, ces ossements furent placés dans un coffret de zinc plombé et déposés, le 11 février suivant, sous une plaque de marbre, dans la chapelle de Notre-Dame-des-Sept-Douleurs, où la religieuse s'était si souvent agenouillée.

Sœur Marie-Marthe ne tarda pas à intercéder pour la communauté: le premier vendredi du mois de novembre 1925, une religieuse presque mourante recouvra subitement ses forces après une neuvaine faite à la servante de Dieu, Marie-Marthe.

Conversions, guérisons, faveurs, nombreux furent les témoignages reçus au sujet de l'humble religieuse.

Que Dieu soit béni et que sœur Marie-Marthe continue d'intercéder pour nous qui venons de découvrir sa vie dans ces pages.

Table des matières

AGMV
MARQUIS
Québec, Canada
2000